本书为教育部人文社科规划基金项目 19YJA760088 的阶段性成果

深度贫困地区脱贫攻坚的理论与实践
——以重庆为例

张 琳 杨 毅 著

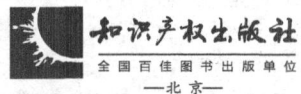

知识产权出版社
全国百佳图书出版单位
—北 京—

图书在版编目（CIP）数据

深度贫困地区脱贫攻坚的理论与实践：以重庆为例/张琳，杨毅著. —北京：知识产权出版社，2020.3
 ISBN 978-7-5130-6765-2

Ⅰ.①深… Ⅱ.①张… ②杨… Ⅲ.①不发达地区—扶贫—研究—重庆 Ⅳ.①F127.719

中国版本图书馆CIP数据核字（2020）第022280号

内容提要

本书阐述了我国扶贫政策、扶贫理论的形成和发展脉络，通过对重庆深度贫困乡镇公共支持与革新进路的探索，在实践层面对重庆深度贫困乡镇的贫困问题从多元化治理主体、多向度治理策略、多维度治理路径三个方面提出了可操作的精准扶贫机制。通过构建深度贫困乡镇精准扶贫绩效的评价系统，优化公共政策的支持体系，提升扶贫工作的综合效率，以期彻底阻隔贫困再生产的主导性成因。

责任编辑：石红华	责任校对：王 岩
封面设计：梁震宇	责任印制：孙婷婷

深度贫困地区脱贫攻坚的理论与实践
——以重庆为例

张 琳 杨 毅 著

出版发行	知识产权出版社有限责任公司	网　　址	http：//www.ipph.cn
社　　址	北京市海淀区气象路50号院	邮　　编	100081
责编电话	010-82000860 转 8130	责编邮箱	shihonghua@sina.com
发行电话	010-82000860 转 8101/8102	发行传真	010-82000893/82005070/82000270
印　　刷	北京建宏印刷有限公司	经　　销	各大网上书店、新华书店及相关专业书店
开　　本	720mm×1000mm　1/16	印　　张	11.75
版　　次	2020年3月第1版	印　　次	2020年3月第1次印刷
字　　数	156千字	定　　价	58.00元
ISBN 978-7-5130-6765-2			

出版权专有　侵权必究
如有印装质量问题，本社负责调换。

目 录

第一章 扶贫之变：思想与政策变迁 …………………………… 1

 第一节 扶贫思想变迁 …………………………………………… 1

  （一）物质扶贫到科学扶贫 ………………………………… 1

  （二）救济扶贫到内源扶贫 ………………………………… 4

  （三）粗放扶贫到精准扶贫 ………………………………… 7

  （四）对象精准到需求精准 ………………………………… 11

 第二节 扶贫政策变迁 …………………………………………… 12

  （一）扶贫政策的计量分析 ………………………………… 12

  （二）扶贫政策的内容变迁 ………………………………… 14

 第三节 习近平新时代扶贫思想的文本挖掘 …………………… 21

  （一）数据与研究方法 ……………………………………… 21

  （二）结果呈现与分析 ……………………………………… 24

第二章 他山之石：深度扶贫实践经验 ………………………… 27

 第一节 国外深度扶贫经验 ……………………………………… 27

  （一）韩国精锐农业人才培养 ……………………………… 27

  （二）巴西"发展极"扶贫战略 …………………………… 29

  （三）印度"包容性增长"扶贫模式 ……………………… 36

 第二节 国内深度扶贫经验 ……………………………………… 41

（一）陇南电商精准扶贫 …………………………………… 41
　　（二）广西河池"整乡推进" …………………………………… 47
　　（三）山西吕梁造林专业合作社 …………………………… 53
　　（四）重庆彭水县交通扶贫 ………………………………… 58

第三章　扶贫之难：重庆深度贫困现状 …………………… 66
第一节　重庆深度贫困乡镇简析 …………………………… 66
　　（一）基本经济状况 ………………………………………… 66
　　（二）深度贫困乡镇特征 …………………………………… 72

第二节　深度贫困乡镇致因分析 …………………………… 76
　　（一）自然条件较差 ………………………………………… 76
　　（二）制度与体制的安排 …………………………………… 79
　　（三）基础设施不健全 ……………………………………… 80
　　（四）劳动力水平不足 ……………………………………… 81
　　（五）人口受教育水平不高 ………………………………… 82
　　（六）既往秩序与文化的消解加重贫困负担 ……………… 84

第三节　深度贫困乡镇扶贫难点 …………………………… 85
　　（一）贫困人口愈发分散 …………………………………… 85
　　（二）政府主导的扶贫缺点显露 …………………………… 86
　　（三）部分地区与群体发展潜力不足 ……………………… 87
　　（四）脱贫意识与动力不足 ………………………………… 89
　　（五）发展动力延续能力不足 ……………………………… 90

第四章　扶贫之策：重庆深度扶贫实践 …………………… 92
第一节　优化贫困乡镇基础设施 …………………………… 92
　　（一）推行易地搬迁 ………………………………………… 92
　　（二）改善交通条件 ………………………………………… 96
　　（三）完善医疗设施 ………………………………………… 98
　　（四）优化水电网络设施 …………………………………… 101

目 录

第二节　构建多维深度扶贫体系 …………………………… 103
　（一）聚扶贫之力 ……………………………………………… 104
　（二）施扶贫之为 ……………………………………………… 107
第三节　完善深度扶贫支撑机制 …………………………… 118
　（一）深度扶贫的资金支撑机制 ……………………………… 119
　（二）深度扶贫的人才支撑机制 ……………………………… 121
　（三）深度扶贫的组织支撑机制 ……………………………… 123
　（四）深度扶贫的信息支撑机制 ……………………………… 126

第五章　扶贫之实：重庆深度扶贫实证 …………………… 128
第一节　深度贫困乡镇扶贫的特色经验 …………………… 128
　（一）三义乡"两委统筹"之创 ……………………………… 128
　（二）中益乡"三变"改革之探 ……………………………… 135
　（三）鸡鸣乡"文化治理"之试 ……………………………… 142
第二节　深度贫困乡镇扶贫存在的问题 …………………… 150
　（一）扶贫规划落地较为困难 ………………………………… 150
　（二）扶贫产业带动能力较弱 ………………………………… 151
　（三）扶贫项目成为面子工程 ………………………………… 152
　（四）贫困地区与外界市场联系较弱 ………………………… 153
　（五）易地扶贫搬迁效益有限 ………………………………… 154
　（六）扶贫需求增加与扶贫干部能力矛盾凸显 ……………… 155
　（七）其他扶贫问题 …………………………………………… 156

第六章　长效之路：深度贫困乡镇扶贫治理模式 ………… 159
第一节　创立现代化特色产业发展模式 …………………… 159
　（一）改变产业经营模式 ……………………………………… 159
　（二）走产业特色发展之路 …………………………………… 161
　（三）制定产业长远规划 ……………………………………… 164
第二节　构建多元扶贫治理体系 …………………………… 165

（一）"两委"协同下的村民自治发展 …………………… 165
（二）治理理论视角下的多元参与扶贫 …………………… 166
（三）构建多元扶贫治理体系 …………………………… 168
第三节　实现乡村文化治理 ………………………………… 171
（一）挖掘乡贤文化资源 ………………………………… 172
（二）建立乡村内生型文化自组织 ……………………… 173
（三）形成乡村治理价值规范 …………………………… 174
（四）推动乡村文化的现代化转型 ……………………… 175

参考文献 ………………………………………………………… 177

第一章 扶贫之变：思想与政策变迁

第一节 扶贫思想变迁

从新中国成立至今，扶贫问题始终是国家社会建设中的重点针对性对象，是国家实现新时代"两步走"战略、决胜全面建成小康社会的巨大障碍，因此中国的扶贫工作从未停止过。在70年的奋斗与发展中，中国的扶贫工作经历了一步一步的积累与变迁，形成了阶段性的质变与跨越。不同的扶贫思想与政策产生于、适用于不同时期，其中扶贫思想既为扶贫政策指路，又为扶贫政策铺好下一步路。因此在这一节中，本研究着重对中国扶贫思想的渐进变化以及新时代重点工作的深入做了梳理，对扶贫思想变迁前、变迁后的特征以及其中的过渡过程进行了框架式构建。

（一）物质扶贫到科学扶贫

无论是国内还是国际上，对于贫困内涵的解读以及关于贫困政策的研究都无法脱离经济视角。在早期还不成熟的研究中，经济含义基本覆盖着"贫困"的具体内涵。因此在早期扶贫工作中，核心思想即为物质经济扶贫。在这种思想的背后,更多的是当时国情的现实要求。在中国改革开放之初,国内经济水平较低、经济形势严重,邓小平提出"首先要解决温饱问题","让一部分人先富起来"的思想与方向。在邓小平同志的"扶贫要走共同富裕道路"思想指导下,在其强调"社会主义的本质,是解放生产力,发展生产力,消灭剥削,消除两极分化,最终达到共同富裕"[1]的要求下,改革开放前期的扶贫工作进行了强有力的物质经济扶贫,并在这一过程中将关于收入的若干指标作为关键参考指标,比如贫困线、家庭人均可支配收入、最低收入等。20世纪80~90年代是从物质扶贫思想跳脱出来转而向科学扶贫进发的关键时间段。

  物质扶贫到科学扶贫的扶贫思想变迁,从国际背景上讲在于贫困理论在国际社会中的发展,阿马蒂亚·森提出的能力贫困理论等对国内扶贫思想产生了深远的影响。1984年中共中央、国务院发布《关于帮助贫困地区尽快改变面貌的通知》,指出扶贫资金在经济扶贫与救济上面过多应用,纠正单纯救济的扶贫理念误区。在充分吸收国际文明成果、先进扶贫理论的基础上,中国共产党对前期的扶贫思想与政策进行了总结与反思。江泽民在提出"下个世纪继续开展扶贫开发,要首先解决剩余贫困人口的温饱问题,巩固扶贫成果,使已经解决温饱的人口向小康迈进,同时在稳定解决温饱的基础上,全面推进贫困地区经济社会发展。这项工作,必须同我们对下个世纪整个经济发展战略的考虑结合起来,同加快中西部地区建设、缩小东西部地区发展差距,实现共同富裕的目标结合起来。"[2] 同时,也通过对共同富裕更科学、更系统的内涵阐释,强调从文化、教育、医疗、社会保障等方面都要扶贫,以实现贫困地区人口的全面发展、生活条件的全面改善。胡锦涛同志以人为本思想的提出以及科学发

---

[1] 邓小平文选(第三卷)[M]. 北京:人民出版社,1993:373.
[2] 江泽民. 江泽民论有中国特色社会主义(专题摘编)[M]. 北京:中央文献出版社,2002:138-139.

展观也在扶贫工作中得到深化,中共十六届三中全会提出要"坚持以人为本,树立全面、协调、可持续的发展观,促进经济社会和人的全面发展","要着力解决人民群众最关心、最直接、最现实的利益问题,完善社会保障体系,加强扶贫开发工作,使人民群众不断得到实实在在的利益,使各阶级群众特别是城乡困难群众都感受到社会主义大家庭的温暖"❶。在扶贫工作中国以科学发展观为指导,尊重贫困地区人民的人格尊严,始终坚持"实现好、维护好、发展好最广大人民的根本利益"的出发点和落脚点,实现从单纯侧重于物质扶贫向物质、精神扶贫兼顾的系统举措转变。在此系统模式中,我们党始终贯彻以人为本的核心思想,以人的价值为首要关注,以从全方位提高人民群众物质文化生活水平为手段,以实现人的整体性发展为最终落脚点,使人民的政治、经济、文化多重权益得到切实保障,从而实现对社会物质经济与文化精神全方位发展成果的共享。

在扶贫思想逐渐科学化的过程中,在共同富裕、科学发展观和以人为本思想的基础上,习近平同志对扶贫思想做了丰富和延伸。习近平同志明确指出,脱贫攻坚要"通过发展生产脱贫一批,易地搬迁脱贫一批,生态补偿脱贫一批,发展教育脱贫一批,社会保障兜底一批,因地制宜综合施策,确保现行标准下农村贫困人口实现脱贫,消除绝对贫困"❷。形成了中国特色社会主义新时代对贫困地区经济、生态、教育、社会保障的扶贫指南,并要求辅以扶贫扶志活动、改造农村危房等具体措施,承接中国共产党"人的全面发展"与"科学发展观"的先进思想。同时,习近平同志强调要将实事求是这一扶贫工作的基本原则贯彻扶贫全过程,"推进扶贫开发、推动经济社会发展,首先要有一个好思路、好路子。要坚持从实际出发,

---

❶ 中共中央文献研究室.十六大以来重要文献选编(下)[M].北京:中央文献出版社,2008:559.
❷ 十八大以来重要文献选编(中)[M].北京:中央文献出版社,2016:720.

因地制宜，理清思路、完善规划、找准突破口"❶。"立足资源、市场、人文旅游等优势，因地制宜找准发展路子，既不能一味等靠、无所作为，也不能'捡进篮子都是菜'。"❷ 要对扶贫工作的具体落实提供科学规划，"扶贫切忌只有口号"；脱贫过程中"要守住发展与生态两条底线"，既要发展以促摆脱贫困，也要强调人与自然的和谐，不要带血的 GDP；"正确处理好生态环境保护和发展的关系，是实现可持续发展的内在要求，也是推进现代化建设的重大原则"。❸ 扶贫要"进行重点施策，不能眉毛胡子一把抓"，要有重点，要有真实效益，精准扶贫由此衍生。以上思想集锦总和为科学扶贫思想。可见科学扶贫思想是在扶贫实践与理论考察中形成的，是习近平扶贫思想的出发点与落地点，贯穿在习近平新时代思想中。

（二）救济扶贫到内源扶贫

经历现实实施后救济扶贫的弊端为我们所知，但它的诞生也是时代之必然。新中国成立之初，百废待兴，中国的工业化建设和现代化建设都处于初步阶段甚至是落后的状况，直至改革开放前都主要通过实物实现社会救助（包括灾害救助），并且主要基于时代背景下高度集中的计划经济体制中的"平均分配"，因此更多的是采取输血救济式扶贫战略来保障人民的基本生活。

20 世纪 80 年代，中国扶贫史发生重大政策变革——党和国家领导的大规模开发式扶贫诞生。为了规避救济式扶贫生成惰性、依赖性从而减弱劳动生产力的弊端，党中央确立了开发式扶贫方针，实现扶贫政策"从输血到造血、从救济到开发"的跨越性变更。江泽民指出："坚持开发式扶贫的方针，就贯彻了邓小平同志关于发展才

---

❶ 习近平. 做焦裕禄式的县委书记 [M]. 北京：中央文献出版社，2015：17.
❷ 习近平论扶贫工作——十八大以来重要论述摘编 [J]. 党建，2015 (12)：5-7,13.
❸ 陈敏尔. 坚守两条底线 实施两大战略 [N]. 人民日报，2016-03-07.

是硬道理的重要思想,目的是解放和发展生产力。"❶ 开发式扶贫是邓小平发展思想在扶贫工作中的变现,江泽民进一步强调"由救济式扶贫转向开发式扶贫,是扶贫工作的重大变革,也是扶贫工作的一个基本方针。多年的实践证明,贯彻这个方针,把贫困地区干部群众的自身努力同国家的扶持结合起来,开发当地资源,发展商品生产,改善生产条件,增强自我积累、自我发展能力,这是摆脱贫困的根本出路。"❷ 胡锦涛则从全球视野出发,根据中国实际情况,在全面贯彻科学发展观的基础上,提出了将以人为本作为核心,将坚持党的领导作为根本保障、坚持开发式扶贫作为根本途径、坚持可持续发展作为根本原则、坚持全方位帮扶作为根本方针的农村扶贫科学路径,通过建设社会主义新农村,实现全面建成小康社会的目标。主张引导贫困群体转变观念,通过在贫困地区树立勤劳致富的意识,营造勤俭节约、勇于创新、积极参与市场经济的氛围,改变过去"等、靠、要"的错误思想,提高贫困地区人民的自组织程度,激发贫困地区经济发展潜力。❸

内源扶贫是习近平新时代开发式扶贫的另一种形式,是前期开发性扶贫思想的系统化整合与发展。习近平同志指出:"贫困地区发展要靠内生动力,如果凭空救济出一个新村,简单改变村容村貌,内在活力不行,劳动力不能回流,没有经济上的持续来源,这个地方下一步发展还是有问题。一个地方必须有产业,有劳动力,内外结合才能发展。"❹ 内源扶贫的内涵,首先是"扶志",即提高贫困地区人民的脱贫意识。只有贫困户深刻意识到脱贫攻坚行动的重要性,才能真正开展脱贫、实现脱贫,并且激发内生动力以更高效率实现脱贫。扶志最重要的举措即精神扶贫,2013年8月,习近平在

---

❶ 江泽民文选(第三卷)[M]. 北京:人民出版社,2006:251.
❷ 江泽民. 江泽民文选(第一卷)[M]. 北京:人民出版社,2006:552.
❸ 武沁宇. 中国共产党扶贫理论与实践研究[D]. 吉林大学,2017.
❹ 习近平. 做焦裕禄式的县委书记[M]. 北京:中央文献出版社,2015:17-18.

全国宣传思想工作会议上指出:"要树立以人民为中心的工作导向,把服务群众同教育引导群众结合起来,把满足需求同提高素养结合起来。"❶ 主张高度重视对贫困人口的思想教育,人民思想素质的提高、脱贫意识的提升是内源扶贫的根本动力。其次是"扶智",其主要内涵在于教育扶贫。党的十九大报告明确指出,扶贫要与扶志、扶智相结合,扶智是脱贫之根本,也与"扶志"相辅相成。只有通过教育扶贫,增强贫困人民的思想觉悟以及提高其受教育程度,才能为其切实脱贫打下坚实基础,为脱贫的内生动力提供技术、知识等素质保障。

习近平总书记提出:"授人以鱼,不如授人以渔。扶贫必扶智,让贫困地区的孩子们接受良好教育,是扶贫开发的重要任务,也是阻断贫困代际传递的重要途径。"❷ 在此思想的指引下,教育扶贫的具体文件提出了"一个目标、两个重点、五大教育群体、五项重点任务",力争实现贫困地区"人人有学上、个个有技能、家家有希望、县县有帮扶"的教育扶贫目标。❸ 要以巩固提高学前教育、九年义务教育水平和教师队伍建设来夯实教育脱贫根基,开展加强职业教育建设以提高教育脱贫能力,加强教育政策的倾斜与福利的设定以拓宽教育脱贫渠道;要以产业、公共建设助推教育脱贫空间的拓展,通过社会支持、内生动力、财政补贴集聚教育脱贫多方力量。内源扶贫不仅仅是简单的贫困人口的思想觉悟及其素质能力的提升,将之运用到经济发展中,加快自身经济发展是脱贫的重要渠道,也是内源动力在脱贫工作中的具体映射。

习近平强调,"发展产业是实现脱贫的根本之策。要因地制宜,

---

❶ 中共中央宣传部. 习近平总书记系列重要讲话读本 [M]. 北京:学习出版社,2014:98.
❷ 十八大以来重要文献选编(中) [M]. 北京:中央文献出版社,2016:720-721.
❸ 司树杰. 中国教育扶贫报告 [M]. 社会科学文献出版社,2016.

把培育产业作为推动脱贫攻坚的根本出路"❶。因此内源扶贫的第三种内涵是脱贫经济动力的形成。扶贫解决的不仅仅是贫困地区、贫困户的经济问题,但必须承认的是经济问题是扶贫工作中必然的、基础的问题。脱贫工作中的产业自身发展也需要相关产业政策的优惠辅助。内源扶贫的第四重含义即在于脱贫工作中的组织动力生成。2017年2月21日,习近平在中共中央政治局第三十九次集体学习时指出:"要加强贫困村两委建设,深入推进抓党建促脱贫攻坚工作,选好配强村两委班子,培养农村致富带头人,促进乡村本土人才回流,打造一支'不走的扶贫工作队'。"❷ 在后续工作考察中,习近平多次强调好班子和好带头人在农村发展中的重要性。因此基层组织建设不仅是党的工作要务,也是扶贫工作顺利展开的最后一把助推的火焰。

(三)粗放扶贫到精准扶贫

新中国解决人民温饱问题的迫切需求、低水平的工农业发展程度决定了粗放扶贫模式的生成。脱贫工作的开展是社会发展所必须的,但此时的扶贫工作总的来说仍是拘泥于输血式、无差异化扶贫,大水漫灌式的粗放扶贫则是此种扶贫手段的总称。"眉毛胡子一把抓"满足了当时社会的迫切需求,但其弊端是客观存在、无法忽视的。因此从粗放扶贫到精准扶贫的变迁是扶贫思想的必然趋势,并且国情之复杂决定了其变革之漫长。

当邓小平提到"首先要有人能够富起来"从而实行"先富带后富"最后实现"共同富裕"的言论时,已经为粗放扶贫向精准扶贫转变确立了良好的开端。1986年工作视察中,邓小平提到"我的一

---

❶ 周康成. 把"做强产业"作为脱贫根本[N]. 人民日报,2016-11-15(5).
❷ 中共中央党史和文献研究院. 习近平扶贫论述摘编[M]. 北京:中央文献出版社,2018:52.

贯主张是，让一部分人、一部分地区先富起来，大原则是共同富裕。一部分地区发展快一点，带动大部分地区，这是加速发展，达到共同富裕的捷径"❶。先富带后富理念基于对中国经济发展不均衡的深刻认知，正如邓小平后来提及的："社会主义的根本目标是实现共同富裕，然而平均发展是不可能的，过去搞平均主义，吃'大锅饭'，实际上是共同落后，共同贫穷，我们就是吃了这个亏。改革首先要打破平均主义，打破'大锅饭'，现在看来这个路子是对的。"❷ 肯定了重点化扶贫思想的正确性。区域扶贫就是从粗放扶贫向精准扶贫过度的重要节点。

为了进一步缓解大水漫灌式扶贫的粗糙性，在对区域现实经济情况、社会发展状态的掌握的基础上，国家在传统的东中西部划分基础上，进一步划定18个贫困地带重点进行扶贫，区域扶贫思想逐渐成型。1986年，专门性的国家扶贫开发领导机构——"国务院贫困地区经济开发领导小组"成立，并且在这一年内展开了对重点贫困区域的识别，将扶贫焦点从18个贫困地带转移到设立国家级贫困县。扶贫范围从18个贫困地带到国家级贫困县的变化，使扶贫对象逐渐呈现由片区到点的清晰状态，侧面反映出扶贫工作逐渐走向系统化、专业化、制度化。

1995年，国家针对甘肃的河西、定西和宁夏的西海固极度贫困地区，实施"三西"农业建设区域性扶贫计划，是区域扶贫的建设性举措。进入21世纪，国家对扶贫区域的"贫困县"进行了进一步放大与捕提，实行"整村推进"，瞄准点转移到贫困县级村。但这不是说在扶贫定向更加准确细化的时候，区域战略就失去了其存在的意义，区域扶贫仍然是扶贫工作的框架与目标。在粗放扶贫向精准扶贫演变的过程中，区域扶贫和专项扶贫、扶贫开发与社会救助并

---

❶ 邓小平文选（第三卷）[M]．北京：人民出版社，1993：23．
❷ 邓小平文选（第三卷）[M]．北京：人民出版社，1993：155．

第一章 扶贫之变：思想与政策变迁

不是绝对的对立关系，在扶贫思想变迁中，它们是相辅相成又有主次之分的。

从扶贫思想演变的梳理不难看出，精准扶贫思想早已有所孕育，而习近平则准确地提出"精准扶贫"概念，明确精准扶贫的思想，并且体系化、详细化了精准扶贫的内涵，推动其成型。习近平2013年到湖南湘西考察时作出了"实事求是、因地制宜、分类指导、精准扶贫"❶的重要指示，精准扶贫思想由此产生。2015年减贫与发展高层会议上，习近平指出："现在，中国在扶贫攻坚工作中采取的重要举措，就是实施精准扶贫方略，找到'贫根'，对症下药，靶向治疗。我们坚持中国制度的优势，构建省市县乡村五级一起抓扶贫，层层落实责任制的治理格局。"并且要"注重抓六个精准，即扶持对象精准、项目安排精准、资金使用精准、措施到户精准、因村派人精准、脱贫成效精准，确保各项政策好处落到扶贫对象身上"❷。为精准扶贫提供整体构架。习近平曾经指出："干部要看真贫、扶真贫、真扶贫，使贫困地区群众不断得到实惠。"❸ 其思想内涵就是扶贫工作中要通过政府考察和人民意愿的充分结合对扶贫对象实现到村到户到人的精准识别；通过结对帮扶、驻村帮扶与贫困户进行切实交流，实现精准帮扶；加强扶贫资金、扶贫政策下放的持续性监督，实现精准管理；强调对扶贫干部进行合理正确的绩效考察，实现精准考核。在整体精准扶贫思想的内涵框架中，扶贫工作不断深入，取得明显成就。

习近平指出，扶贫开发工作已进入"啃硬骨头、攻坚拔寨"的冲刺期。习近平指出："现在看，脱贫攻坚的主要难点是深度贫困。

---

❶ 汪三贵，刘未．"六个精准"是精准扶贫的本质要求——习近平精准扶贫系列论述探析 [J]．毛泽东邓小平理论研究，2016，(1)：40-43，93．

❷ 习近平．携手消除贫困促进共同发展——在2015年减贫与发展高层论坛的主旨演讲 [N]．人民日报，2015-10-17 (1)．

❸ 习近平．习近平谈治国理政 [M]．北京：外文出版社，2014：190．

主要难在以下几种地区：一是连片的深度贫困地区。西藏和四省藏区、南疆四地州、四川凉山、云南怒江、甘肃临夏等地区，生存环境恶劣，致贫原因复杂，基础设施和公共服务缺口大，贫困发生率普遍在20%左右。二是深度贫困县。据国务院扶贫办对全国最困难的20%的贫困县所做的分析，贫困发生率平均在23%，县均贫困人口近3万人，分布在14个省区。三是贫困村。全国12.8万个建档立卡贫困村居住着60%的贫困人口，基础设施和公共服务严重滞后，村两委班子能力普遍不强，四分之三的村无合作经济组织，三分之二的村无集体经济，无人管事、无人干事、无钱办事现象突出。"❶过渡到扶贫脱贫工作的冲刺期，精准扶贫的瞄准对象也应从贫困村的识别转移到对深度贫困地区的识别。当脱贫攻坚工作进入深水区，现在脱贫工作的主要任务已经转变为"集中力量支持深度贫困地区脱贫攻坚"，要着力改善深度贫困地区发展条件、着力解决深度贫困地区群众特殊困难、着力向深度贫困地区政策倾斜，重视深度贫困区、深度贫困户的需求。脱贫攻坚本来就是一场硬仗，而深度贫困地区脱贫攻坚是这场硬仗中的硬仗。我们务必深刻认识深度贫困地区如期完成脱贫攻坚任务的艰巨性、重要性、紧迫性，采取更加集中的支持、更加有效的举措、更加有力的工作，扎实推进深度贫困地区脱贫攻坚。❷

因此在从粗放扶贫到精准扶贫的变迁过程中，实现的是瞄准点从贫困区域到贫困县到贫困村再到深度贫困区的缩小范围、放大精确度的变化，最后展开贫困户、贫困人的精准识别的过程。

---

❶ 习近平. 在深度贫困地区脱贫攻坚座谈会上的讲话［J］. 中国农业会计, 2017 (09): 60-63.

❷ 习近平. 在深度贫困地区脱贫攻坚座谈会上的讲话［N］. 人民日报, 2017-09-01 (002).

（四）对象精准到需求精准

对象扶贫到需求扶贫的变迁是精准扶贫政策的进一步发展与深化，是扶贫对象精准化程度的又一上升，是扶贫思想新时代的最新变革，是脱贫工作中扶贫对象由贫困户精确到贫困户需求精确的转变。对贫困户的识别是精准扶贫工作的基础，随着贫困户人口数量的逐渐减少，相对而言，国家有更多的资源和能力加强扶贫的精准化。从根本上讲只有提高贫困户的满意度才能真正做到扶贫，只有将扶贫工作的视线转向贫困户的需求，了解贫困户的迫切希望，明白人民真正想要的，才能使扶贫工作做到对症下药，实现脱贫。在精准扶贫工作中，通过结对子对贫困人民进行精准帮扶，切实把帮扶工作做到村、做到户、做到人，增强低收入农户收入来源的持续性，才能巩固扶贫对象的精准识别。同时这一措施为精准扶贫从对象的精准转移到需求的精准打下了基础。要对扶贫对象的需求进行精准化定位，首先离不开精准帮扶的过程。正是在"一对一、多对一、一对多"的精准帮扶过程中，扶贫对象的需求才能够通过面对面对话的形式表达出来，因此对需求的精准定位，要落实到与每一位贫困户的真切交谈中，聆听其心声，如此才能落实"真扶贫"的要求。另外，需求的精准还可以间接性地从精准识别过程中贫困户致贫原因的登记考察中实现，从因病、因灾、因学等多种导致贫困的因素中，找到贫困的"因"。这一针对性的扶贫过程就是对贫困户需求进行满足的过程。

扶贫思想从物质扶贫到科学扶贫、从救济扶贫到内源扶贫、从粗放扶贫到精准扶贫、从对象精准到需求精准的变迁，并不是历史时间的阶段与阶段间断层的、分割性的变迁，它们有同源共生，也有提炼分化。总的来说，扶贫政策的变迁是一个在曲折中发展的波浪式进程。

第二节 扶贫政策变迁

在多年的实践中，扶贫工作不断向着系统化、科学化的方向发展，这一过程离不开宏观政策的指导。在新中国的扶贫史上，国务院分别于1994、2001、2010年出台的《国家"八七"扶贫攻坚计划》《中国农村扶贫开发纲要（2001—2010年）》《中国农村扶贫开发纲要（2010—2020年）》，是扶贫过程中具有划阶段意义的重要政策，也是不同历史阶段中所有扶贫政策的大纲。扶贫思想变迁结论的一大精髓在于精准扶贫是当下扶贫工作中当之无愧的焦点，因此在这一节中本研究将宏观政策视野向微观偏移，重点关注精准扶贫工作，辅以宏观政策指导，向重庆的地方性政策解读侧重，对扶贫政策变迁实行板块性梳理。

（一）扶贫政策的计量分析

1. 扶贫政策的数量总述

本节文字主要选取近两年精准扶贫相关政策及以往扶贫工作中重大政策共计146份进行梳理解读，其中国家性政策44份，其余为重庆市地方政策。根据统计数据显示，我国扶贫工作开展后，改革开放前政策数量较少且起伏较小，改革开放后逐渐上升。1994年《国家"八七"扶贫攻坚计划》实施后，扶贫政策数量呈现加速上升趋势，2001年到2017年扶贫政策数量大幅度上升，呈高速增长态势。2014年精准扶贫思想落地后，国务院发表了与精准扶贫相关的60多份文件政策，包括14份核心政策在内。自2010年起，重庆市扶贫办共下发两份规范性文件，及114份其他性质的文件。

2. 扶贫政策的结构划分

随着扶贫思想的不断深化与成熟，扶贫政策也随之愈加完善，扶贫政策的结构也向着均衡化、全面化不断进步。新中国成立后，早期的扶贫政策数量较少，而且主要着眼于扶贫工作本身，因此扶贫政策以单一的扶贫工作目标以及要求为主。随着国家经济水平的上升、社会合力扶贫思想的诞生以及扶贫工作相关的社会体系建立，今天的扶贫政策已经实现了目标明确、措施清晰、保障有效的政策体系，既包括顶层设计政策，如2013年12月，中共中央办公厅、国务院办公厅印发的《关于创新机制扎实推进农村扶贫开发工作的意见》以及2016年两会后《"十三五"脱贫攻坚规划》，还包括扶贫作为一项政府工作、国家任务应伴随的考察和监管的政策要求，实现了精准扶贫下扶贫政策结构的横向完善。中央《脱贫攻坚责任制实施办法》的出台则是扶贫政策体系中监察板块填补的内容之一。各个领域愈发详细的政策指示则是扶贫政策结构的纵向填充。在扶贫工作不断精准化的过程中，扶贫工作的领域划分也更加清晰，有效地实现了当代政府部门职能的配置。国务院常与教育、生态、网络等部门联合出台相关政策，实现扶贫工作的精准化提升。

在国家扶贫政策体系的指导下，重庆的地方政策形成了自己的特点。在重庆扶贫政策结构中，首先是坚持党的领导的政策下发，包括对中央文件的地方性解读以及指导文件的直接下发；其次是保障类扶贫政策，主要是从医疗、教育、住房、养老政策等方面与扶贫工作相结合；再次是经济类政策，经济扶贫仍然是精准扶贫工作中的重点内容。重庆市扶贫政策中，贫困户贷款、与企业合作等政策属于经济类扶贫政策；人才类政策包括扶贫干部的培训政策、贫困地区的人才引进与福利政策、人才的教育政策等。通过政策的列举不难看到，重庆市扶贫政策中联动性政策的存在，无论是政府与相关企业，还是与社会组织，都贯彻了精准扶贫中合力扶贫内涵的精髓，使政策结构体系形成联动性、全面性的特点。

（二）扶贫政策的内容变迁

1. 扶贫目标性政策

根据中国扶贫工作历程的阶段性划分，不同阶段的扶贫工作有不同的目标。新中国建立之初扶贫是为了解决极端贫困，改革开放后以解决人民温饱问题为目标，21世纪后以巩固温饱成果为目标；而进入2010年，扶贫工作已经逐渐进入尾声，解决贫困全面建成小康社会是终极目标。在这样的阶段性进程里，每一个阶段也有一个目标性文件，在宏观政策中占据主要地位。因此改革开放前，我国的扶贫攻坚工作还处于大水漫灌式的输血式扶贫，那时候的扶贫工作还隶属于更大领域的政策体系，并不具有专业化特征，尤其集中于当时的农村政策中。

1978年改革开放之初，国家统计局发布的《关于中国农村贫困状况的评估和监测》为扶贫政策的产生提供了数据基础，并且隐含了扶贫的专业化道路。在1987年10月国务院发布的《关于加强贫困地区经济开发工作的通知》和1991年5月国务院发布的《关于"八五"期间扶贫开发工作部署的报告》的铺垫下，1994年，著名的《国家"八七"扶贫攻坚计划》诞生。该政策引领的主要扶贫目标是力争在1994年到2000年内基本解决当时全国农村8000万贫困人口的温饱问题，并且强调20世纪80年代中期以来，国家有组织、有计划、大规模的扶贫开发工作中已经实现了救济式扶贫向开发式扶贫的转变，肯定了开发式扶贫的存在意义并且为未来的扶贫道路提供了开发式扶贫的正确方向。[1]当《国家"八七"扶贫攻坚计划》完成后，《中国农村扶贫开发纲要（2001—2010年）》承接了扶贫目标指引的功能，指出2001—2010年扶贫开发总的奋斗目标是：尽快

---

[1] 吕国范. 中原经济区资源产业扶贫模式研究［D］. 中国地质大学（北京），2014.

解决少数贫困人口的温饱问题，进一步改善贫困地区的基本生产生活条件，巩固温饱成果，提高贫困人口的生活质量和综合素质，加强贫困乡村的基础设施建设，改善生态环境，逐步改变贫困地区经济、社会、文化的落后状况，为达到小康水平创造条件。❶ 继之《中国农村扶贫开发纲要（2011—2020年）》指出总体目标是到2020年，稳定实现扶贫对象不愁吃、不愁穿，保障其义务教育、基本医疗和住房。贫困地区人均纯收入增长幅度高于全国平均水平，基本公共服务重要领域指标接近全国平均水平，扭转发展差距扩大趋势。❷

　　重庆市本地的扶贫目标政策，一方面直接来源于中央政策意见在地方政府的公示与传达；另一方面，则是间接在中央扶贫政策以及思想的影响下因地制宜地制定新的扶贫目标政策。在《中国农村扶贫开发纲要（2001—2010年）》的指导下，重庆市针对本市基本贫困现状制定了《重庆市农村扶贫开发十年纲要（2001—2010）》，扶贫开发的具体目标是：基本解决有开发能力的剩余绝对贫困人口的温饱问题；在贫困村建设人均半亩以上基本农田，开展小型水利建设，发展覆盖面广、带动性强、有市场前景的支柱产业，为巩固温饱成果创造基础条件，逐步降低返贫率，将农村绝对贫困发生率降至3%以内；有计划地对居住在生存条件恶劣地区的贫困人口实施移民搬迁；加强乡村道路改造和建设，全市基本实现乡乡通客车，80%的行政村通公路；基本解决165万人饮水困难问题，逐步提高农村自来水覆盖率；完成贫困地区农村电网改造，实现村村通电；实现村村通邮、通广播电视；加快贫困地区中小学现有危房改造，

---

❶ 中华人民共和国中央人民政府网站：《国务院关于印发中国农村扶贫开发纲要（2001—2010年）的通知》，2016年9月，http://www.gov.cn/zhengce/content/2016-09/23/content_5111138.htm。

❷ 中华人民共和国中央人民政府网站：《中共中央国务院印发〈中国农村扶贫开发纲要（2011—2020年）〉》，2011年，http://www.gov.cn/gongbao/content/2011/content_2020905.htm。

进一步提高适龄儿童入学率和巩固率，完成"普九"达标；进一步控制出生人口数量、提高人口素质，人口自然增长率控制在6.5‰以内；贫困地区乡镇卫生院60%达到一级医院标准，30%的村有卫生室，基本控制地方病；贫困地区70%的乡镇建立农民技术培训中心。❶在《中国农村扶贫开发纲要（2011—2020年）》下发前，2010年重庆市第三届人民代表大会常务委员会第十七次会议通过《重庆市农村扶贫条例》，以条例形式继续加强对扶贫工作的有序指导。同时也在《中国农村扶贫开发纲要（2011—2020年）》《关于创新机制扎实推进农村扶贫开发工作的意见》等中央政策文件下发后进行意见解读和传播，以落实扶贫工作目标的正确性与可行性。

2. 扶贫举措性政策

事实上，在目标性文件中也包含了对举措的整体方向的指导，并且都有进一步的、更深入明了的措施性政策与其并行，形成措施性政策的小型体系。譬如1994年《国家"八七"扶贫攻坚计划》强调开发式扶贫政策要继续深化、继续造利，注重教育扶贫并且要加强社会多方合作共同参与扶贫。1996年10月23日，中共中央国务院《关于尽快解决农村贫困人口温饱问题的决定》、民政部印发《关于加快农村社会保障体系建设的意见》以及《国家扶贫资金管理办法（1997）》作为《国家"八七"扶贫攻坚计划》的辅助性、补充性文件，明确此时救济式扶贫和开发式扶贫同意并行的政策方向。《中国农业扶贫开发纲要（2001—2010年》则强调："继续把发展种养业作为扶贫开发的重点；积极推进农业产业化经营；进一步改善贫困地区的基本生产生活条件；加大科技扶贫力度；努力提高贫困地区群众的科技文化素质；积极稳妥地扩大贫困地区劳务输出；

---

❶ 汪军，张孝友. 新阶段重庆市农村扶贫开发态势及思路创新［J］. 西南农业大学学报（社会科学版），2005（04）：59-62.

稳步推进自愿移民搬迁；鼓励多种所有制经济组织参与扶贫开发。"❶ 政策重心逐渐向激发贫困地区内生动力转移。

2004年8月，国务院扶贫办印发了《关于加强贫困地区劳动力转移培训工作的通知》，宣告了贫困地区劳动力转移培训工作即"雨露计划"的全面启动。同年，国务院扶贫办还制定了《国务院扶贫办劳动力转移培训示范基地管理指导意见》《"十五"西部开发总体规划》，2007年7月国务院发布了《关于在全国建立农村最低生活保障制度的通知》。在这10余年的扶贫工作中，既对贫困人口生活施以更加全面的保障体系，又不遗余力地推动内源扶贫的发展。

在《中国农村开发扶贫纲要（2011—2020年）》指导下，2013年国务院七部委出台《关于印发〈建立精准扶贫工作机制实施方案〉的通知》，这是精准扶贫思想的总结与政策实施。政策明确提出"通过对贫困户和贫困村精准识别、精准帮扶、精准管理和精准考核，引导各类扶贫资源优化配置，实现扶贫到村到户，逐步构建精准扶贫工作长效机制，为科学扶贫奠定坚实基础"❷。并出台《关于印发〈扶贫开发建档立卡工作方案〉的通知》，对精准扶贫工作的措施进行详细说明。精准扶贫发展到后期形成了对深度贫困地区的关注，2018年国务院《关于打赢脱贫攻坚战三年行动的指导意见》下发，强调要集中力量支持深度贫困地区脱贫攻坚，并且在相近的时间里迅速出台了《关于推进网络扶贫的实施方案（2018—2020年）》《深度贫困地区教育脱贫攻坚实施方案（2018—2020年）》《生态扶贫工作方案》等，进一步完善了脱贫攻坚工作的措施体系。

重庆市政策体系坚持贯彻党的十九大扶贫精神，并且以精准扶

---

❶ 中华人民共和国中央人民政府网站：《国务院关于印发中国农村扶贫开发纲要（2001—2010年）的通知》，2016年9月，http://www.gov.cn/zhengce/content/2016-09/23/content_5111138.htm。

❷ 葛志军，邢成举. 精准扶贫：内涵、实践困境及其原因阐释——基于宁夏银川两个村庄的调查［J］. 贵州社会科学，2015（05）：157-163.

贫思想引领扶贫攻坚工作的展开，出台了全方位的措施性扶贫政策。对于精准扶贫的思想工作要求，重庆市下发《石柱黄水镇精准扶贫扶到"根"》《奉节县以七大重点工作为抓手强力推进精准扶贫》《巫溪县古路镇创新四种方法精准扶贫》等相关政策文件，对深度贫困重点关注地区石柱县、奉节县、巫溪县的精准扶贫加以概述。奉节县以"动态调整""资金整合""两不愁""三保障""村脱贫""县摘帽""模范村"为扶贫工作七大重点，从贫困户的精准识别到扶贫资金的管理再到扶贫产业基础的夯实，以及贫困户社会保障的维护，有层次性地、全面性地展开扶贫工作。巫溪县古路镇在对本地发展状况和机遇进行了深度的认知和解读后，创新地实施"送牛入托·双带双赢、股权量化·保底保利、林地入园·互利互惠、大户援手·增技增收"的精准扶贫方式。《垫江县五措并行 拓展增收渠道 提升脱贫质量》强调发展产业增收、引导就业增收、鼓励创业增收、深化改革增收、落实政策增收，植根于以增收促脱贫，实行全方位脱贫。

除去此类全面性的措施类政策，不同内容性质的措施也有不同的政策明细。在经济扶贫上，贫困地区旅游经济的打造是亮点，因此多个贫困县发布与乡村旅游相关的政策规划，比如《开州区乡村旅游成为脱贫致富的"幸福引擎"》《巫溪县围绕发展民宿乡村旅游拓展脱贫新战场》。同时，贫困乡村的脱贫攻坚工作中集体经济的参与是重点，《南川区强化推进村级集体经济发展》以对组织管理的要求为乡村集体经济的发展提供监管的保障。《"四驾马车"牵引产业扶贫》《积极引导贫困群众多形式参与产业发展》，是巫溪县经济扶贫的创新性政策，实现"公司（订单）+专业合作业（基地）+贫困户"模式、"公司+股权量化+贫困户"模式、"专业合作社+股权量化+贫困户"模式、"股份合作社+贫困户"模式的帮扶等产业扶贫的联动机制。南川县《"六轮驱动"产业扶贫力促稳定脱贫》，则通过政府推动、龙头带动、农户主动、金融撬动、农旅联动、长效拉动形成产业扶贫的动力引擎。

在社会保障性扶贫中,健康医疗扶贫是核心。习近平总书记说在调研过程中他获知,每三个贫困人口有两个都有病症,因病致贫在致贫原因中的比例占绝对优势。重庆市颁布《探索实施"123456"医疗扶贫模式》,"千名医务人员'一帮一'救助贫困家庭患者"攻坚行动,对家庭主要劳动力或因生活不能自理直接影响主要劳动力就业的家庭患病成员"两类人",按照"集中初筛复查、分批次入院治疗、全程跟踪服务"三个步骤,采取医保报销、医院减免、政府补助、患者自付"四个一点"治疗费用结算模式,达到贫困村标准化卫生室、体检筛查、巡回义诊、签约服务、药品发放"五个全覆盖",实行村卫生室六级管理,全力实现"治愈一人、脱贫一户"目标,❶并且下发《加大医疗救助力度 切实减轻贫困群众负担》,完善巫溪县医疗扶贫后续。丰都则下发《实施"三化"服务 推进健康扶贫》,实现医疗设施标准化、对象管理动态化、入户服务常态化的医疗扶贫。

另外重庆市还针对交通、住房等社会保障领域下发《梁平区"四级联动"夯实结对帮扶再发力》《开展关爱贫困家庭留守儿童行动助脱贫》《狠抓关键环节坚决打赢交通扶贫战》《"五步工作法"保障农村居民住房安全》等多份政策文件。在脱贫攻坚的关键性时刻,精神文化扶贫是扶贫工作的重中之重,为了精神扶贫有所成效,重庆市各地"各出奇招",巫溪县尤其重视精神扶贫,《开展"脱贫示范户"评选活动 营造比学赶超氛围》《聚焦"五个带动"破解精神贫困》,以政策带动"激志"、项目带动"强志"、帮扶带动"育志"、典型带动"树志"、支部带动"引志",强调《创新开展"精神扶贫"助推脱贫攻坚》。《彭水县文化"扶志"助推高质量脱

---

❶ 李春奎. 习近平总书记关于扶贫的重要论述的巫山实践 [J]. 重庆行政(公共论坛), 2018, 19 (06): 12-13.

贫》《云阳县推行脱贫荣誉证创新激发内生动力》《城口县大力培育时代新乡贤助力打好攻坚战》，都发挥的是荣誉感的激励以及先进人物的带领作用。南川区《"三突出"推进"精神脱贫"》，通过对思想蜕变、宣传引导、技能培训的突出，使贫困人民在"我要脱贫""我会脱贫""我能脱贫"的激励下努力实现脱贫。

为了深入贯彻精准扶贫的合力扶贫内涵，扶贫工作强调主体多元化。对此，重庆市在扶贫主体上对3600多名干部进行"确保打赢脱贫攻坚战三年行动"的培训，市长与中国平安集团洽谈"三村"百千万扶贫计划合作事项，鲁渝共青团签订2018—2020年东西扶贫协作框架协议，专题召开教育、卫计、国资系统帮扶干部培训会等多项活动，组合政府、企业、跨区域部门的联合发力，共推精准扶贫的发展。

3. 扶贫监察性政策

国家对扶贫实施有效监管措施的探索始于1992年国务院扶贫开发领导小组牵头制定和颁布的《贫困县经济开发统计报表》，但是扶贫工作的监察政策在长时间内处于缺位状态。近几年的扶贫政策才建立了较为完善的监察政策体系。精准扶贫不仅仅要有措施的精准，还应包含精准管理、精准考核的具体内涵，因此监察、考核性政策是精准扶贫中不可缺少的部分。"十三五"规划后，国家出台大量监察性政策，《省级党委和政府扶贫开发工作成效考核办法》《脱贫攻坚督查巡查工作办法》《脱贫攻坚责任制实施办法》《关于建立贫困退出机制的意见》相继出台。

重庆市的扶贫政策体系也是具有考核性质的完整体系。在扶贫工作的考核中，《关于开展2017年度农村扶贫对象动态调整的通知》，采用"八步两评议两公示一比对一公告"的方法提高精准识别的准确性。全市脱贫攻坚工作在监督层面主要发挥民主党派的民主监督作用，扎实打好脱贫攻坚战，做实扶贫领域监督执纪问责工作。在扶贫工作监察中，扶贫资金使用的管理与监督有一定的难度，同时也十分重要。巫溪县扶贫资金监管坚持"动真碰硬",要求自查自纠"不走过场",监管措施"不流形式",扶贫热线"不做摆设",执纪问责"不留情面",对扶贫资金实行严格的监管流程。潼南区集中开展扶贫领域突出问题整治,从项目建设、扶贫执行和扶贫资金三大方面对扶贫工作进行细致考察。奉节县《抓实扶贫领域监督执纪问责》,创新方式方法,构建纵横一体、多频共振的"三级督查"体系,多管齐下,并行监督,加大了对扶贫工作的监察力度。《常态化开展脱贫攻坚督查巡查》是城口县、奉节县扶贫工作监察的具体方针。巫山县脱贫攻坚开启自检模式,成立专项督查组对基础设施、产业发展、基本保障、资金监管、村容村貌、脱贫成效、档案管理等方面进行全面督查暗访,细察自检。

第三节 习近平新时代扶贫思想的文本挖掘

在前面两节内容中,本研究对我国政府扶贫思想、扶贫政策的纵向变迁进行了大致梳理,使读者对我国政府扶贫有了进一步的了解。党的十八大以来,党和政府高度重视扶贫工作,出台了一系列指导扶贫的方针政策,在这些政策背后蕴含着哪些深刻的思想内涵值得探究。为了探究习近平新时代扶贫思想的特点,本研究利用文本挖掘的方法,从党的十八大以来习近平总书记大量非结构化讲话文本中提炼其扶贫思想精华。

(一)数据与研究方法

1. 数据的获取

本研究的材料挖掘为习近平总书记关于扶贫的重要论述,这些论述大多分布在习总书记的讲话读本中，收集难度较大、收集精度难以控制。好在2018年中共中央党史和文献研究院选编出版了《习近平扶贫论述摘编》一书，该书将2012年11月15日至2018年6月期间习近平的讲话、报告、演讲、指示、批示等多篇重要文献进行摘编，分8个专题，共计242段论述，其中多是第一次公开发表。❶本研究选用《习近平扶贫论述摘编》为挖掘材料，材料来源具有较高的权威性，能够保证分析结果的可靠性。

2. 构建扶贫领域专业词库

中文分词的一个难点就在于词库的构建，中文的词与词之间没有明显的空格界限，需要人为界定哪些字组合起来可以构成一个在扶贫领域具有实际意义的词。除了分词软件自带的词库以外，由于本书的研究涉及党建相关内容，因此从搜狗细胞词库中下载了"政治学词库大全""社会主义革命和社会主义建设词汇""党建理论词汇"等细胞词库，这些词库可以直接用作分词的依据。但是在扶贫领域还有很多专业名词是任何一个现成词库都还未收录的，因此还要根据部分资料的分词结果构建自定义词库。自定义词库的构建就是首先按照已下载的词库进行分词，对于应该分成一组词而没有分到一组的，将这一组词录入自定义词库，然后和下载的词库一起导入分词软件中，再进行一遍分词，自定义词库随着分词过程的进行不断扩充，这样才能持续改善分词效果。

3. 利用Rwordseg进行分词

Rwordseg是R软件中的一个中文分词包，需要在Java环境中才能运行。

利用Rwordseg进行分词首先要调用两个必备的程序包，指令为：

＞library(rJava)

---

❶ 张新华. 新中国以来扶贫历程与思想结晶［J］. 重庆行政，2019，20（01）：20－23.

> library(Rwordseg)

调用分词包的指令下达后就要导入需要分析的资料，指令为：

> mydate <- read.csv("C：/date.txt",stringsAsFactors = FALSE,header = FALSE)

在导入分析资料之后可以导入词库，指令为：

> installDict（dictpath = " C:/Users/Administrator/Desktop/R/词库/党建理论词汇.scel",dictname = "党建理论词汇",dicttype = "scel")

……

> installDict（dictpath = " C:/Users/Administrator/Desktop/R/词库/自定义词库.txt",dictname = "自定义词库",dicttype = "text")

导入的词库数量不受限制，尽量包含相关领域的公开词库以及根据具体研究内容所做的自定义词库，囿于篇幅限制，在这里就不一一列举本研究用到的所有词库。在导入词库之后需要执行分词指令：

> txt <- segmentCN[as.character(mydate)]

> txt.aslist <- unlist(txt)

> txt.freq <- table(txt.aslist)

> txt.result <- txt.freq[order(-txt.freq)]

上述四个指令可以依次执行分词、生成列联表、词频统计、按词频排序等程序。得到词频统计顺序之后理论上就可以用排序结果进行分析，但此时会发现排名靠前的词汇中有很多语气词，比如"的""呢"等对于研究没有帮助的词汇。此时就需要再次导入停词库来对这一类词进行清洗，导入停词库以后，凡是停词库中出现的词将被程序剔除出去，执行指令为：

> stopwords <- unlist(read.table(" C:/Users/Administrator/Desktop/R/词库/中文停用词.txt"))

> stopwords.v <- as.vector(stopwords)

```
> word. pure < - setdiff[ names( txt. result) , stopwords. v]
> txt. pure < - txt. result[ word. pure]
```

上述四个指令所执行的程序为：首先导入中文停用词库，然后将停用词向量化，并删除"txt. result"中的停用词，再将结果赋值给"word. pure"，最后的净化结果在"txt. pure"中呈现出来。

（二）结果呈现与分析

1. 挖掘结果呈现

本研究的挖掘技术能从海量的领导人讲话的非结构化文本中挖掘出具有使用价值且过去未曾研究过的信息，这些信息可以通过高频词得以体现，并通过词云图进行可视化展现以便于展开分析（见表1）。

表1 习近平扶贫论述高频词统计

词汇	词频	词汇	词频
贫困	251	老区	34
脱贫	217	全面	32
攻坚	125	问题	32
发展	99	资金	31
深度	80	任务	30
群众	65	小康	30
精准	63	落实	29
农村	41	经济	24
人民	35	贫困县	24
干部	34	生态	20

2. 挖掘结果分析

（1）脱贫攻坚，发展为先。党的十八大以后，习近平总书记在会见中外记者时强调要不断解放和发展社会生产力，坚定不移走共

图 1　习近平扶贫论述词云图

同富裕之路。邓小平同志提出发展才是硬道理，"发展"随着改革开放的深入推进成为了具有中国特色内涵的政治词汇。脱贫攻坚就是对贫困地区的发展，扶贫工作要把发展摆在优先位置。习近平总书记关于贫困地区发展的思想既具有继承性又具有创新性，他强调贫困地区要创新发展思路，不能故步自封、抱残守缺。随着我国经济的发展和贫困地区现实状况的改变，贫困地区的发展也要与时俱进，不是仅仅发展经济，而是要坚持"五位一体"全面发展，在发展的过程中保护生态环境、保障公民基本权利，使贫困地区获得更高质量的发展。

（2）聚焦深度，力求精准。通过多年的扶贫实践，我国的贫困人口大幅下降，贫困地区范围逐渐缩减，在 2020 年全面实现脱贫是我党的庄严承诺，虽然前期取得了巨大成绩，但是要实现这一承诺还要面临艰巨挑战。前期的扶贫工作大多属于大水漫灌的开发式扶贫，主要扶的是"面"。当前我国大面积的贫困现象已经得到有效控制，现在的问题主要是"点"上的问题。习近平总书记多次指示要做好深度贫困地区的脱贫攻坚工作。2017 年，在深度贫困地区脱贫攻坚工作会议上，习近平总书记反复强调深度贫困问题的艰巨性，认为深度贫困是"坚中之坚"，必须加大对深度贫困地区的投入力度。同时，解决深度贫困地区的问题不能再是大水漫灌，而要精准扶贫，找准致贫因素"对症下药"，才能啃下深度贫困这块硬骨头。

（3）心系群众，以人为本。习近平总书记始终坚持以人民为中心的扶贫思想，在党的十八大以来的扶贫论述中，"群众""人民"词汇共出现100次。扶贫就是不断改善贫困地区群众的生活水平，尤其要重视提高人民的获得感，让贫困地区群众切切实实感受到扶贫工作带来的好处。对于扶贫工作中的官僚主义风气、形式主义作风要坚决遏制，对于人民群众反映强烈的问题及时回应并做出整改。对于脱贫攻坚工作中贫困群众的角色和地位，习近平总书记具有独特的见解。2017年2月，习近平总书记在十八届中央政治局第三十九次集体学习时强调，贫困群众既是扶贫的对象也是扶贫的主体。扶贫不能是政府的一厢情愿，要充分发挥群众的主观能动性，加强文化扶贫力度，破除贫困群众的"等、靠、要"思想。

（4）紧扣问题，重在落实。习近平总书记在对扶贫工作进行指示时，始终坚持问题导向，"问题"一词出现了32次。习近平总书记在多个场合深入分析了我国扶贫工作存在的问题。2015年10月，习近平总书记在减贫与发展高层论坛的主旨演讲中分析了我国贫富差距悬殊、区域经济发展失衡等问题。2015年11月，习近平总书记在中央扶贫开发工作会议上分析了在扶贫工作中谁来扶、扶持谁等问题。2017年6月，习近平总书记在在深度贫困地区脱贫攻坚座谈会上深入分析了深度贫困地区的致贫因素等问题。问题的本质就是理想与现实之间的差距，发现问题、研究问题最终是为了解决问题。不同地区针对不同问题所提出的不同方案，这些方案的制订必须注重落实，而不是制订出来之后就束之高阁。2012年，习近平总书记在河北阜平县考察扶贫开发工作时强调，要"原原本本把党的政策落实好"，随后又在多个场合强调各级领导干部要落实扶贫责任。

第二章 他山之石：深度扶贫实践经验

第一节 国外深度扶贫经验

（一）韩国精锐农业人才培养

1. 韩国城乡发展不平衡问题严重

韩国属于亚洲国家，国土面积狭小，人口十分稠密，资源非常有限，经历过"二战"时期帝国主义的侵略后，韩国的生产力急剧下降，经济发展日益僵化。因此在"二战"结束后韩国在20世纪60年代着力发展工业，尤其是重工业，以实现对经济的刺激，从而达到恢复的目的。在此举措下，韩国的经济确实从"二战"的疲惫中得到较快的恢复，尤其是城市地区发展快速。但在经济恢复过程中，由于对工业产业的偏重，城乡发展不协调，农村经济仍然较为落后，城乡经济发展差距日益增大，农村贫困面貌加剧；与此同时，农村还受到城市工业化带来的环境资源破坏与污染。数据显示，1970年韩国的农村人口占韩国总人口的60%，但农村人均收入仅仅是城市的60%，可见韩国城乡发展不平衡对于其经济系统整体发展形成巨大的阻碍。

2. 韩国农村反贫困措施

为缓解城乡发展的巨大差距和农村严重的贫困现象，政府发挥主导作用，将农村反贫困与农村建设结合起来，利用财政资金投入，从基础设施、文化建设、教育培训等方面进行农村建设。具体措施如下：

一是政府投入资金开发基础设施项目，主要包括农村公路、自来水、电力、住宅等，以改变农村基本面貌，改善农村居住环境和生活质量。资金项目重点为推广发展高产值农业生产、发展农产品加工业和区域特色农产品方面，积极推广农业保险和农村金融的发展。同时，大力建设乡村文化基础设施建设，包括村民会馆、读书室、运动场、敬老院、青少年活动中心等农村文化建设，通过举办各种农民培训、文艺活动，启发农民勤勉、协同、自发奉献的精神。

二是农村"精锐农业人才"的培养。文化和教育相互联系，相辅相成，文化知识是教育培训的目的，而教育培训则是习得文化知识的重要方式。具有科学文化知识的专业化人才是农村建设的重要资源与推动力。根据参与农村建设的人才从事的领域不同，韩国将其分为两大类分别给予精准培养，并且将政府部门、企业、社会组织、学校等多方社会主体纳入培养体系中。

"精锐农业人才"又叫作"精锐农业从业者"，根据其发展历程可划分为三个等级，包括"预备农业从业者（主要是农业大学或农科专业大学生）""初级农业从业者"以及"专业农业从业者"，并对农业从业者成长的不同阶段予以不同的制度支持。针对"预备农业从业者"，主要措施包括强化现场实习教育、实行师徒制度、加强农业创业教育等；对于刚开始从事农业的"初级农业从业者"，提供务农初期的资金支持、经营及技术相关知识的研修课程、专业咨询等服务；对于经验丰富的"专业农业从业者"，则提供进入农业明星大学接受长期教育的机会。参与精锐农业人才培养的机构包括农林水产食品教育文化情报院及农村振兴相关机构等多家机构。除直接对农业从业者及相关人员进行教育培训外,农林水产食品教育文化情报院还与社会其他力量协作,通过委托的方式进行培训。受托方包括了高校(南首尔大学等)、社团(韩国作物保护协会等)、企业(村落设计株式会社等),范围涵盖了创业与经营、流通与市场推广、农村开发与管理、六次产业及其复合产业、环境友善型畜牧业五大领域,为农村的产业发展提供了充足的人才。此外,其他的农村振兴机构也在积极开展农业从业者教育,如农村振兴厅、各道的农业技术院以及各市郡农业技术中心等。[1]

3. 韩国农村反贫困措施的成效

多年以来,韩国农村反贫困与农村建设共同发展,培养的精锐农业人才对于反贫困与农村建设做出了巨大贡献,政府逐渐将权力下放,实现由绝对领导向指导引导的职能转变,以制定总目标、提供技术支持、提供农业服务、规范项目列表引导农村居民自发进行乡村建设,改善农村农民生活水平。韩国城乡居民收入和经济保持了同步的增长和发展,1970—2014 年,韩国人均 GDP 从 279.14 美元上升到 27964 美元,年均增长 629 美元,城乡居民收入之比从 1.97∶1 下降到 1∶0.84。

(二)巴西"发展极"扶贫战略

1. 巴西贫困现象概述

巴西位于南美洲,是一个典型的发展中国家,国家经济发展水平较低,地区发展极不平衡,贫困现象十分突出,主要表现在两个方面。一方面,巴西的贫困人口数量多,规模大。巴西是发展中国

---

[1] 黄吉,钟婷,朱苏远. 国外文化精准扶贫案例研究与借鉴 [J]. 图书馆杂志,2016,35(09):18-24.

家中经济增速最快的国家之一,但经济快速增长伴随的却是贫困状况的恶化与加重,贫富差距越来越大。世界银行考虑到全球各个国家的平均收入和发展水平都不一样,重新设定贫困线标准,将现行的每天1.90美元的国际贫困线标准进行了修改,将中低收入国家的贫困线标准定为每天3.2美元,将高收入国家的贫困线标准定为每天5.5美元。而根据世界银行近日公布的数据表明,采用新的贫困线指标后,巴西贫困人口的数量由原来的890万人增长到4550万人,占巴西总人口的22%。另一方面,巴西的地区贫困差异巨大,经济区域发展极不平衡。巴西大部分地区处于热带,北部为热带雨林气候,不适合生产、生活和居住,南部部分地区为亚热带季风性湿润气候,比较适宜人类居住,因此,基于地理原因及一些历史原因,巴西东北部的几个州是整个巴西乃至整个南美最贫困的地区。❶巴西一直存在着两个巴西的说法:一个巴西是北部贫困地区,即落后的巴西;另一个巴西是南部经济发展地区,即发达的巴西。区域发展失衡一直是巴西可持续发展的障碍。

2."发展极"反贫困战略的具体实施

20世纪60年代,在"发展极—增长点"理论的指导之下,巴西政府确立了实施"发展极"反贫困计划的发展战略,重点解决各种贫困问题,具体是设立解决贫困问题的专业的政府机构,作为实施贫困措施的总体规划、指导的部门,发挥统筹、协调、引领的作用,制定总体反贫困发展战略,在一个经济发展基础较好、潜力较好的地区建立起一个"发展极",集中资源、人力、财力等发展该地区的经济、商贸等,作为其他地区发展的一个经济拉动点,发挥"发展极"的带动、导向作用,达到整个区域的协同、全面发展。❷

---

❶ 蓝志勇,张腾,秦强. 印度、巴西、中国扶贫经验比较[J]. 人口与社会,2018,34(03):3-15.

❷ 徐婷. 拉美新兴市场国家"发展极"减贫模式研究[D]. 中南民族大学,2015.

亚马逊州首府玛瑙斯地区于 1967 年成立了第一个"发展极"——自由贸易区，主要以资金优势和极其优惠的税收政策吸引国内国外优秀的企业到该自由贸易区建设厂房，并进行经济投资、风险投资。一方面是关于贸易方面的政策扶持，政府对于该自由贸易区的发展有一个明确的定位，即以生产加工产品为主，辅以农业、畜牧业等产业的发展，进口发展需要的原材料、燃料、动力材料等资源，出口加工制造品等均可享受税收优惠。另一方面是财政方面的政策扶持。为了吸引国内外企业来自由贸易区投资建厂，政府设立了专门的投资基金，对于投资建厂的企业进行一定的资金赞助，并且对于企业实行免缴产品税、流转税、利润税、进口税、材料税、设备零件税等，减少所得税的优惠税收政策。

在政府政策的扶持下，位于亚马逊河中游的"玛瑙斯自由港"，成为巴西最大也是全世界最大的经济特区。它被作为推动巴西中西部经济发展的增长极和辐射中心，有效地带动了周边地区经济的发展。❶ 因为这种自由贸易区的运行模式取得了良好的效果，积累了不少成功的经验，因此政府着力推广这一发展模式，先后在 17 个地区建立了相同的、相似的、规模不同的"发展极"，由点到面，构成了一个区域发展的经济开发网络，带动了整个区域经济的迅速发展。据统计，截至 1989 年年底，巴西政府对"发展极"总投资为 135 亿美元；吸引 577 家企业进驻自贸区达成 70 亿美元的产品销售额；共建立 170 多个农牧场，并吸纳 2.7 万相关从业人员，对亚马逊地区的经济发展做出了突出的贡献。

具体来说主要有以下三个方面的措施。

（1）制定等级严格、上行下效的政府领导机制，设置专门的执行、管理部门进行统筹开发。

---

❶ 王俊文. 国外反贫困经验对我国当代反贫困的若干启示——以发展中国家巴西为例 [J]. 农业考古, 2009（03）：209 - 213.

（2）不同经济发展落后的地区有其特有的原因，要因地制宜，根据不同情况制订针对性的开发计划。针对亚马逊地区的情况，政府制订发展计划旨在改变该地区农业生产原有的结构，注重农业的发展。针对中西部地区的情况，加强当地基础设施建设，并且针对突出的沼泽地问题，进行专门的治理。

（3）通过一系列鼓励政策建设"发展极"。一是政府从多方面筹措建立相关发展基金，并且积极引导大小企业、大小组织、大小基金等多个渠道的资本集中投入农业生产领域，以及一些落后地区的发展建设当中。二是出台了一系列财政税收的鼓励政策，降低农业产品的收购价格，通过政策优惠支持农业的发展，并且通过加强基础设施建设，改善当地交通状况，有助于物资和产品的运输，促进信息流通。三是通过移民政策促进地区发展活力转换，为封闭落后地区注入发展活力。1960年，巴西政府决定将首都从里约热内卢迁到巴西利亚，以首都的政治、经济、文化中心功能辐射周边地区，并组织东南地区民众迁入中西部马托格罗索州和北部帕拉州、戈亚斯州、朗多尼亚州等地设立的移民点，进行生产建设，改善了迁入地农业生产状况，为迁入地的工业发展提供了人才、资金、技术支持。四是教育扶贫。

巴西政府还设立教育发展专项资金，为贫困地区培育专门的教师，提升贫困地区的师资水平，改善贫困地区的教学状况，完善教学基础设施，包括教学楼、课桌、黑板等硬件设施，以及投影仪、广播等软件设施，并且通过鼓励其他地区捐助图书、文具、衣物等，将这些教学、生活所需物资免费分配到贫困地区，同时通过技术手段发展远程教育，通过各种手段提升当地的人口素质和教育水平，为贫困地区发展注入可持续发展的活力。❶

---

❶ 柳颖. 巴西福利责任主体的反贫困政策均衡化研究［J］. 湖南工程学院学报（社会科学版），2016，26（01）：16－19.

3. "发展极"战略实施效果与不足

"发展极"反贫困战略完善了贫困地区的基础建设，促进了农业的发展。自贸区投资建厂为农村剩余劳动力提供了大量的就业机会，促进了农村剩余劳动力转移，促进了贫困地区的经济增长，减少了巴西的贫困人口，有利于巴西经济的平衡发展，缩小地区发展差异。但是发展到一段时间以后，巴西的经济增长遇到了瓶颈，源于巴西的收入分配制度的不公平，发展的大多数成果被转移到掌握更多社会资源的富人手上，穷人的生活水平依旧没有得到根本的提升，久而久之，贫富差距越来越大，社会更加不公平，社会矛盾突出，为巴西经济发展带来巨大的隐患，也不利于社会的和谐稳定。

4. "发展极"扶贫战略的后续发展

20世纪60年代，巴西政府开始认识到扶贫靠市场的作用是远远不够的，完全依靠市场"无形的手"不仅不能促进经济增长，解决社会公平问题和贫困问题，反而会加大收入分配差距，拉开贫富差距，导致经济更加畸形发展。因此必须发挥政府这一"看得见的手"的作用，利用自身的管理和服务职能解决贫困问题，于是巴西政府开始实施一系列反贫困计划，建立完善一套系统科学全面高效的反贫困体系。主要体现在以下四个方面。

（1）最低收入保障。最低收入保障计划的资金来源是联邦政府和市政府双方所出资金各占一半，计划帮助的对象是家庭人均月收入低于政府规定的平均月收入的一半的家庭，尤其是家庭里有适龄儿童，需要上学的，这样可以减少因为付不起学费和书本费而辍学、打杂工补贴家用的情况。另外，资金发放的比例是根据各个城市申请而来的。具体来说，当地政府会给符合贫困补助条件的家庭一张银行卡，每月定时定量往银行卡里打入补助金，用于家庭的日常生活、教育学习等各个方面，这种直接将补助发给贫困家庭的行为避免了执行机构的贪污腐败。经过多年的实施，巴西的最低收入保障计划覆盖了全国大部分的贫困地区，扶助了上千万的学生，并且范围还在持续扩大。

（2）家庭医疗救助。巴西的贫民窟因为卫生问题等导致健康状况不佳也是贫困人群面临的一大问题，于是巴西政府出台了专门针对贫困人群的家庭医疗救助计划。具体来说，政府相关部门组建一支结构优良、医疗经验丰富的家庭医疗救助队伍，定期对贫民窟以及贫困地区的贫困家庭进行检查和治疗，记录并掌握贫困家庭的健康状况、疾病情况，同时进行健康知识、卫生知识等常识的宣传教育，提高他们健康卫生的意识，养成良好的卫生习惯，减少疾病的发生。❶

（3）"零饥饿"计划。"零饥饿"计划主要是为了解决贫困人口的饥饿问题，保障他们的生存需要和获取食物以饱腹的权利。"零饥饿"计划主要是向贫困地区发放一些维持生存的基本的食物，比如面包等。同时"零饥饿"计划也关注贫困地区的饮水干净问题，致力于改善贫困地区的饮水卫生条件。

（4）保障住房。贫困问题不仅表现在吃、穿、学、医方面，还有住房问题。巴西现有的贫民窟早已经超过了本身建设设计的可承受能力，产生了不少安全问题和社会矛盾，已经不适合居住。因此在贫民窟之后，政府又开始着手建设经济适用房，向贫困人群提供更多的住房。巴西政府修建了上百万套住房，扶持对象为那些家庭人均收入水平低于政府制定的最低标准的家庭。之后政府将救助目标转移到比贫困人群稍微好一点的中低收入水平家庭，为家庭人均收入略微高于最低标准的人群提供保障性住房。为此，巴西政府投入了大量的资金建设住房，解决贫困人口的居住问题。

同时巴西政府将扶贫和扶智相结合，在注重保障和满足贫困人群的物质需求的同时，注重为他们提供素质、技能培训，提高他们的就业竞争力，促进他们可以通过劳动和就业从根本上摆脱贫困问

---

❶ 孙晗霖. 巴西反贫困的实践及其经验借鉴［J］. 知识经济，2013（18）：98.

题。主要是全国性扫盲和促进就业计划。贫民窟之所以产生，就是因为农村剩余劳动力大量向城市转移，但由于文化素质和劳动技能不足，只能干一些工资低、消耗体力的初级劳动，获得这些工作的人又因为城市房价高、生活水平高，工资不能满足他们在城市的生存需要，只能住贫民窟，更不要说大量的农村剩余劳动力进入城市以后找不到工作的情况，这就导致了城市初级劳动岗位失业问题严重。因此在1995年，巴西联邦政府制定了"促进就业计划和增加收入计划"，希望通过政策优惠和资金补助扶持中小企业、个体劳动户等增加就业岗位，为失业人群提供更多的就业机会。1997年，为应对东南亚金融危机，巴西政府又推出了"巴西行动计划"，致力于工程扶持就业。通过政府、大型企业投资建设公共性或其他工程项目，为大量失业人员提供就业岗位。2003年，巴西联邦政府又实施了"初次就业计划"，扶持的主要人群是尚未就业的青年群体。[1] 一方面，针对由于各种原因无法完成学业而辍学的年轻人进行系统的免费的职业培训，并且给有创业意向和创业能力的青年群体提供低息贷款，支持其创业以创造更多的就业机会。另一方面，政府鼓励企业招聘第一次参加工作的年轻人，鼓励企业接受没有相关经验的年轻人，并且予以一定的财政补贴。

在这些反贫困计划的有效、持续实施之下，巴西的贫困线下的人口比例从2002年的37.5%降低到2007年的30%，贫富差距有一定程度的拉近。2003—2010年间，巴西一共减少了2000多万极端贫困人口，实现了90%的入学率，同时巴西的基尼系数也在连续十年居高不下的情况下出现了轻微的下降，2008年巴西的基尼系数是0.515。

---

[1] 闫坤，孟艳. 反贫困实践的国际比较及启示 [J]. 国外社会科学，2016（04）：87-96.

（三）印度"包容性增长"扶贫模式

1. 印度人口增长过快导致贫困问题严重

印度贫困的一大原因便是其人口问题十分明显。在印度独立以后，印度的人口增速在整个人类历史上都是十分罕见的。20世纪60年代初，印度实现了其国家的独立，那时印度人口约4.4亿，但是到了21世纪的2011年，其人口已经超过了12亿，增加了约175%的人口，此时印度的人口数量占据世界人口总数的17.5%，成为了世界第二大人口大国。❶ 可以说印度贫困的直接原因便是印度人口的飞速增长。因为印度的经济发展速度和水平跟不上其人口增长速度，大量人口无法实现就业，农村地区由于出生率高而经济发展水平低，导致大量劳动力无法就业。与此同时，由于经济水平发展不足，印度的基础设施和公共产品供给也严重不足，大量人口无法得到基本的医疗、卫生、教育等各方面的公共服务，导致了更多的人口生活境况不仅无法好转，反而长期处于下降趋势，脱贫无望。其中，印度教育水平十分低下，教育供给严重不足，2011年印度文盲人口约为2.72亿，大概占据其总人口的1/4。❷ 教育供给不足在农村地区尤为严重，印度文盲主要集中在农村地区，而农村由于缺乏具备知识技能的劳动力进而无法实现农业生产技术的更新换代，农业发展缓慢，农民增收困难，农民贫困程度十分严重。可见印度的人口和经济发展、贫困形成了一个十分顽固的恶性循环过程，很难得到根治，印度政府也为此做出了巨大的努力，其中包容性扶贫便是其较为成功的尝试。

---

❶ 温浩. 印度贫困治理问题研究［D］. 陕西师范大学，2016.
❷ 仇荀. 马克思主义贫困理论及当代中国贫困治理实践研究［D］. 吉林大学，2016.

2. 印度"包容性增长"阶段反贫困措施

印度政府也认识到了其贫困问题对整个国家和社会发展的负面影响，因此自独立以后也做出了不少的努力来对国家的贫困问题进行有效的治理。从印度独立以后的历史看，印度的扶贫一共经历了三个比较大的阶段：第一个是以经济发展带动脱贫的阶段。这一阶段主要是在其获得独立之后，也即20世纪50~60年代。当时印度正处在百废待兴的时期，因此其将发展经济和解决贫困相联系，认为只要实现了生产力发展、经济增长，贫困人口自然能够实现脱贫。第二个是提供给公共服务和产品的阶段。这个阶段主要是在20世纪80年代。经过前期的努力，政府也认识到单纯发展经济似乎并不能完全解决贫困问题，此时政府将扶贫的重点转向了向贫困人口提供更好的医疗、卫生、教育等基础的公共产品和服务，希望通过为其提供公平的公共服务来带动脱贫。第三个则是包容性增长阶段。此阶段为21世纪初至今。此阶段印度政府认识到仅靠发展经济和提供公共产品与服务也不能实现贫困问题的根本治理，需要让贫困人口切实从经济发展中受益才能真的实现其脱贫，因此包容性增长的理念被提出，力图通过提升贫困群体的自身发展能力最终实现贫困问题的解决。❶

（1）促进生产性就业，提升人力资源能力，加强社会保障。就业是贫困人口实现脱贫的根本之策，印度政府也认识到了这一点，并在增加就业，尤其是在农村地区贫困人口就业率上采取了较多的措施，并取得了较好的成果。

①发展生产与法律规范结合带动农村地区就业。在发展生产上，印度政府尤其注重农村贫困地区产业的发展。在具体产业的选择上，印度政府出台了众多的引导措施吸引和带动劳动密集型产业在此的

---

❶ 王志章，王晓蒙. 包容性增长的印度模式及其对中国的启示［J］. 城市观察，2011（05）：174-187.

发展，并十分注重农业相关产业的农村的发展，形成农村完整的产业链，创造更多的就业机会。与此同时，加强对农民劳动技能的培训，让其适应新发展产业的需求，可以切实地从新发展的产业之中获得经济效益，实现脱贫。在法律规范上，印度政府也针对农村地区贫困群体的就业制定了相应的法律法规，如《全国农村人口就业保障法案》，该法案对农村地区的就业计划、失业补贴、相关基金的建立都有较为明确的规定，可以说为农村地区贫困群体的就业搭建了牢固的兜底设施，让他们生活来源至少有一定保障，对消除贫困具有十分明显的效用。

②完善就业市场，消除就业市场的歧视，保障就业市场对贫困群体的公平公正，让贫困群体尽可能多地从就业市场上获得就业机会。

③鼓励生产性就业。印度政府为了鼓励贫困群体进行生产性就业，从政策层面创造了众多的积极条件，不仅为生产性就业者提供技术支持，还通过政府为其增信，并对相关的市场机制进行优化，使得具备一定知识技术并且有创业意愿的贫困群体自主创业，不仅实现自己的就业和脱贫，还创造出了更多的就业岗位，带动他人脱贫。同时在土地改革之中，印度政府克服了长期以来存在的性别歧视，保障了女性的权利，并借助农村 NGO 组织带动脱贫。

④印度还针对贫困问题对其教育制度进行了改革。在印度的高等教育制度改革之中，十分注重职业教育的发展，为此成立了专门的职业教育管理委员会，该委员会在高等教育之中对职业教育的各个方面都发挥着重要的作用，例如教材编写、课程设置、教师培训、实施相关的教育计划等。印度通过自己的不断努力，逐渐使得大约 1/4 的高校学生都可以受到良好的职业教育，而这其中很多都是贫困人口家的孩子，进而对其脱贫起到了极大的作用。与此同时，印度政府还为农村大学生就业设立了"农村服务中心计划"等组织，鼓

励大学生回乡带动起家乡发展和更多人脱贫。❶

⑤实施旨在加强农村地区生活保障的"国家农村就业保障计划",在每一个财政年度内,为每个家庭提供至少100天的就业保障。如果就业申请人的申请被接受后,在15日内仍未得到工作的,将享有每日失业津贴。

⑥建立和完善农村社会保障制度,如通过全国性的公共分配系统、综合儿童发展计划、农村就业方案、全国老年社会援助方案以及非政府组织的合作计划等,重点帮助解决那些因失业、残障所导致的生活贫困问题,让这些弱势群体能够比较均衡地分享到社会发展成果,过上有保障的体面生活。❷

(2)坚持自力更生的基础上引进外资。利用国外资金来实现自身的发展是后发展国家实现发展、摆脱贫困的一个重要的发展方式。印度自独立以来,虽然也有借助过国外的资金来带动自身的发展,但由于长期处于发达国家的殖民统治之中,因此对外资还是持一定的警惕态度,除了世界银行等国际金融机构贷款外,其他私人资本很难进入到印度,这也在一定程度上阻碍了印度脱贫的进程。但是自20世纪90年代开始,印度政府开始了其资本制度改革,逐渐放宽了对外资进入国内市场的限制,例如拉奥政府简化外资投资审批的手续,并放宽了对外资比例的限制,将外资在印度公司中所占股份的限制从51%提高到74%,把国外金融机构在印度证券市场投资比例的限额从原来的24%提高到40%;瓦杰帕伊政府允许外资进入保险业,股权比例可达到26%等。❸外资的进入也在一定程度上带动了印度经济的发展,进而间接推动了印度贫困问题的

---

❶ 温俊萍. 印度农村就业保障政策及对中国的启示 [J]. 南亚研究季刊, 2012 (02): 64 - 69, 111.

❷ 温俊萍. 印度农村就业保障政策及对中国的启示 [J]. 南亚研究季刊, 2012 (02): 64 - 69, 111.

❸ 文富德. 拉奥政府的经济改革和高达政府的新经济政策 [J]. 南亚研究季刊, 1997 (01): 5 - 11.

解决。

（3）减缓和消除社会性别歧视，解决妇女、女童等相对社会弱势群体的贫困问题。印度政府1989年推出"MS计划"（Mahila Samakhya programme），主要解决印度妇女的赋权问题，为农村妇女尤其是处于社会和经济边缘群体中的妇女提供教育机会，实现社会公平，因此又叫"妇女平等教育计划"。具体内容有：①建立和完善妇女教育支持体系，为弱势妇女提供良好的学习环境，赋予她们更多学习、接受教育的机会。②在全社会营造一个有利于知识、信息流通的良好的环境。③形成"妇女平等接受教育"的社会观念。④鼓励妇女协会（Mahila Sanghas）积极协助和监督贫困地区的妇女教育情况，维护好日常教学秩序以及定期检修教学设施。⑤通过教育提升妇女自身的自信心和外在形象，以教育认识到妇女对于社会经济发展的巨大作用，鼓励她们主动积极接受教育，提升自我发展能力。⑥建立基层妇女自我管理、自我服务的体制机制，将管理、决策权力下放到基层以及妇女协会，赋予更多自主维权的权利。⑦针对妇女就业的基本情况，进行免费技能、知识培训，培训内容包括识字和算术、卫生健康知识（生殖健康、中药材、营养膳食、怀孕育儿等）、法律知识、职业技能（包括一些传统上被视为男性职业的手动泵工、泥瓦工、医生等）、政治素养、经济知识等。❶

3."包容性增长"模式的效果

随着印度包容性扶贫模式的不断展开，印度贫困问题也在很大程度上得到了好转。印度农村是印度贫困人口最为集中的地区，贫困人口多，贫困程度深，可是包容性扶贫措施实施以后，印度农村地区农业及其相关产业获得了较快的发展，贫困人口收入也

---

❶ 徐君，凌慧. 印度"妇女平等教育计划"的特点与成效评析［J］. 现代远距离教育，2014（01）：30-36.

得到较快的增长，贫困人口数量在不断减少。根据印度计划委员会统计的官方数据，农村贫困率从1973年的56.4%减少到2004—2005年的28.3%。同期，农村绝对贫困人口从2.61亿下降到2.21亿。❶

第二节 国内深度扶贫经验

（一）陇南电商精准扶贫

1. 陇南电商扶贫试点起源

陇南市位于甘肃省、陕西省、四川省三省的交界处，地处亚热带、暖温半湿润和高原湿润等多种气候的过渡地带，环境优美，气候宜人，被称为"陇上江南"。同时，陇南也位于秦岭、岷山与大巴山三座山岭的交汇处，被重重大山包围，耕地资源稀缺，人均可用耕地不到1.8亩。2013年，全市建档立卡贫困人口共83.94万人，贫困发生率34.1%，居甘肃省贫困第一位。❷ 境内多个区县都属于国家级贫困县，如武都区、礼县、宕昌县、文县、西和县、两当县、康县等，面临着异常艰巨的脱贫任务，是甘肃省脱贫攻坚的重点和主战场。陇南虽然地处三山交汇处，大山重重，但也拥有丰富的生物、矿产、水力、旅游等自然资源，特别是得天独厚的自然气候孕育出来多达数十类、近千种的优质天然特色农产品和百余种山珍。

---

❶ 王志章，王晓蒙. 包容性增长的印度模式及其对中国的启示 [J]. 城市观察，2011（05）：174-187.

❷ 资料来源于《顺应时代潮流，力促电商发展》，市政府研究室，市商务局，《张掖日报》，2015年8月3日。

核桃种植面积 360 万亩，产量 9.7 万吨，居全国地级市第二位；花椒种植面积 208 万亩，产量 3.2 万吨，居全国地级市首位；油橄榄种植面积 35 万亩，鲜果产量 1.5 万吨，占全国 2/3；各类中药材种植面积 100 万亩，居全国前列；11 个农产品通过国家地理标志产品认证，36 个产品获得国家和省级名牌产品称号。但是独特的地形地貌所导致的交通不畅、边远地区宣传能力有限、地区发展较慢等问题一直制约着陇南优质农产品的发展。因此如何发挥"陇上江南"的天然地方优势，带领百姓脱贫致富，一直以来成为陇南市委、市政府苦苦思考的一大重要难题。

2013 年，成县县委书记李祥试探性地在微博上推销成县核桃，效果喜人，在十几个小时内此条微博的访问量就达到了 50 多万人次，20 多天内成县核桃的网络销售预定量就达到了 2000 多吨。电商销售农产品的模式自此开始发展并不断扩展到其他县乡，李祥也被大家称为"核桃书记"。看到了电子商务带来的广阔前景之后，陇南市委、市政府乘势而上，在 2013 年 12 月确立了"433"发展战略，把扶贫攻坚作为"1 号工程"，把电子商务放在"三大集中突破"的首位，积极鼓励当地农户通过电商平台将自家的优质农产品推销出去，探索建立了市、县区、乡镇和村四级电商协会，合计达 327 个，相继出台了一系列政策性文件，助力精准脱贫，还把电子商务纳入全市目标责任书管理体系，进行评价考核。2014 年年底，陇南市被国务院扶贫办确定为全国唯一的电商扶贫试点市，在 9 个县区确定了 750 个建档立卡贫困村开展电商扶贫试点工作，其电商产业孵化园更是商务部确定的全国电商综合示范基地。

2. 陇南电商扶贫模式

"陇南模式"最初始于"中国核桃之乡"——成县，县委书记将农民自产核桃与互联网电商相结合，取得推销成功，以此开启了整个陇南市电商扶贫的发展序幕。2014 年起，电子商务已然成为陇南市"433"发展战略中"三个集中突破"之首，电商扶贫战略在全市全范围大力实施。陇南市"互联网＋"与精准扶贫相结合的特色道路成为了贫困地区农产品电子商务发展的范式，故称之为"陇南模式"，具体包含政府推动、市场运作、大众创业、协会规范、微媒助力。

在"陇南模式"中，第一是政府推动。表现为政府积极发挥职能。一方面政府出台相关政策文件支持电商扶贫发展，积极为电商平台与村民的网络商店"牵桥搭线"，如陇南市政府专门出台了《关于推进电子商务实现集中突破的意见》，鼓励各县村民投身电商扶贫；另一方面政府也要积极加强相关基础设施建设和公共服务的提供，确保村民群众在发展电商营销业务的过程中克服技术难题和经营风险。第二是市场运作。一方面尊重电商平台的市场运营规律，另一方面也要发挥市场在资源配置过程中调动农民与平台双方积极性的作用，如淘宝网中展示陇南特色产品的一个重要窗口——"特色中国·陇南馆"板块，实则就是市场运作的特色产物。第三是大众创业。一方面在于普及现代网络信息技术之于现代生产生活的重要性，另一方面在于引导各县各村的农民群众利用电子商务平台销售农产品，做"互联网＋农产品经营"的新型农村创业者。第四是协会规范。陇南市现存电商协会多达300余个，在发展过程中一方面对电商平台经营者进行行业规范与服务管理的监督，另一方面打造出全县电商统一的信誉第一、诚信经营的"陇南名片"，严禁损害陇南电商整体形象的行为。第五是微媒助力。整合互联网微媒介平台，实现陇南特色品牌与产品的宣传推广，增大陇南在全国的知名度。经过陇南全市各级政府、电商平台和农民群众等多方的共同努力，陇南市脱贫致富的成效越来越好。

目前，陇南市网店已有6000多家，覆盖了全市2/3的贫困村，累计销售农产品19.3亿元，带动就业2.6万人。同时，发展电商经营还有利于应对特殊情况造成的农产品滞销危机，如2014年礼县遭受一场冰雹灾害，当地的苹果因受灾，销路遇到了困难，最终得益

于电子商务平台的帮助,才使果农们在较短的时间内将滞销的苹果全部卖出,从而避免给果农们造成严重的经济损失。❶

3. 陇南电商扶贫具体措施

"陇南模式"电商扶贫的成功是多方合作的共同产物,具体可以分为以下三方面。

第一,各级政府从开放思路,到积极推动,再到落地实施各个环节都积极作为。在2013年成县"核桃书记"实现电商销售成功之后,陇南市委、市政府第一时间吸取成功经验,对陇南市电商扶贫的必要性和可能性进行研讨,最终正式确立"电商扶贫"的概念和思路。开放思路之后,陇南市政府开始积极推动电商扶贫的具体实施工作。首先,为了保证电商扶贫工作在全市范围内顺利开展,陇南市委、市政府积极发挥政府的职能作用,坚持"市抓统筹、县为主体、乡镇落实、到村到户"的原则,在各级行政单位都设立了专门的电商工作领导小组,确保各项工作落实到位。其次,市政府先后制定出台发展决策和扶持政策,其中包含《关于推进电子商务实现集中突破的意见》《电子商务扶贫奖励办法》等多达9个文件,在政策上促进电子商务和精准扶贫的深度融合。

除此之外,政府也加大了在资金和金融政策方面对电商扶贫工作的支持,市财政每年投入300万~500万元,县区每年投入100万元专项资金扶持电商发展,将农村网店发展纳入惠农贷款支持范围,支持引导金融部门开发出"椒红宝""金橄榄"等信贷产品,帮助村民群众突破资金困难,鼓励村民群众积极参与电商扶贫。同时,政府也积极加大基础设施的建设与公共服务的提供。电子商务与农产品销售的融合,除了对种植业和加工业的要求外,还有电子商务本身对产品包装、仓储、物流等产业的基础要求,因此政府积极完

---

❶ 陈丽莎,谭长海,张晶晶. 电商扶贫模式案例及其可复制经验分析 [J]. 经济研究参考,2018,No. 2858(10):12-16.

善符合电商发展需要的移动通信、互联网宽带、物流企业、快递网点等基础设施；加强电商人才的培养和培训，扶持能人开办示范网店，形成完备的电商扶贫服务体系，从而加快电子商务在贫困乡村的推广与应用。陇南市政府在电商扶贫的道路探索中，坚持以点带线，以线带面的基层实践推动策略，率先选择参与度高、发展较快的乡镇和村庄展开试点，帮助这些试点完善基础设施建设和政策扶持，再以这些率先发展起来的试点带动其他乡村电商扶贫的发展，在探索中一步步完善相关措施，调整方向，从而在全市更大范围内全面推广。

第二，积极发挥市场的作用，尊重市场发展的客观规律。随着电商扶贫工作的展开，电商市场始终是农产品实现销购的主要渠道，所以陇南市一方面积极借力国内现有大型电子商务营销平台淘宝网、天猫网等，搭建农产品销售的网络营销平台，通过对淘宝网上"特色中国·陇南馆"板块的建设，打开了陇南市特色农产品对外输出的一大重要窗口，同时建立阿里巴巴·产业园、电商产业孵化园、农产品交易中心、顺通电商物流园等服务平台，扩大分销渠道；另一方面积极引入民间资本，注入电商市场的投资，促进传统农产品销售企业的转型，从网货供应平台、农产品加工厂，再到物流中心、产品研发中心和包装仓储中心，建立一条完善的农产品电商供应链，保证市场能够保持活力，长久经营。

第三，社会各方的协同合作，人民群众的积极参与。在电商扶贫的发展过程中，首先要转变基层干部、传统企业和农户群众的传统思路和陈旧观念，加大电商扶贫和大众创业的宣传。对于农户而言，必须要根据市场需求调整生产，大力发展市场认可度高的核桃、花椒、油橄榄、中药材、茶叶、苹果、樱桃、柿饼、野生菌、土蜂蜜、土鸡蛋等传统农副产品；对于企业而言，要从传统经销渠道拓展到电商平台营销，同时要经营适销对路的特色产品，利用好各大电子商务营销平台推广产品；对于大众而言，要积极鼓励人民群体对互联网知识技术和创业知识的学习，对专业电商技术的人员进行培训，尤其是引导和扶持大学生村官、农业返乡青年、未就业大学生、农村致富带头人、传统农产品生产加工营销企业等社会群体，带动各行各业、男女老少投身电商扶贫发展，通过开办网点和网店，实现农户变网商、农村变货仓，最终形成全市网商与供应商的电商网络。其次要充分发挥微媒体的推广宣传力量，将陇南特色乡村资源信息、陇南美丽城市生态以及产品文化内涵传达给全国乃至全世界的媒介受众。全市现开通2900多个政务微博、377个政务微信公众平台、385家政务网站，这些官方渠道与众多"陇南人"个人微博、微信形成具有影响力的微媒体矩阵组合，有利于帮助用户更深层次、更加全面地认识、了解、认同陇南及其特色产品，使陇南及其特色产品拥有更高的知名度和更便捷的购买渠道。❶

在一年的时间内，全市行政村网络覆盖率提高到66%，先后成立各类电商协会327个，在陇南市累计培训各类电商从业人员共5.2万多人次，共有695名大学生村官开办电商网点755家，扶持贫困户开办网店100家，培训的1000名贫困家庭"两后生"中有609人开办了网店，部分学员的网店销售额已达10万元以上。

4. 陇南电商扶贫的效果

2013年以来，陇南市电商扶贫政策作用越来越大，越来越多的农民在电商平台拥有了自己的网店。经过一年多的大力推进，全市一共开办网店6169家，培育出苹果、花椒、油橄榄、土蜂蜜、核桃、中药材等知名网销品牌，农产品网上的销售额超过11亿元，直接带动陇南贫困群众人均增收240多元，同时也促进就业1.9万多人。2015年，陇南市又确定了"1333"电商发展新思路，开始全力推动网商规模、网货供应、配套服务等方面的发展，建成了供货平

---

❶ 资料来源于《顺应时代潮流，力促电商发展》，市政府研究室，市商务局，《张掖日报》，2015年8月3日。

台90多个；整合建立了255家物流企业、1062个快递服务站和1200个村邮站，物流快递服务体系基本建立起来；加强建设电商团队和微媒体宣传等平台，由2690个政务微博、561个政务微信、183家政务网站和众多个人微博、微信组成的媒体宣传网，推广陇南特色优质农产品，树立了品牌。截至2017年12月，陇南市累计开办网店13555个，微店9600多家，开展电商人员培训累计达到22万多人次，实现网络端销售收入累计达到90多亿元。[1]

陇南市找到了适合本地土壤的电商扶贫模式，发展速度不断加快，一些建档立卡贫困户、返乡青年、未就业大学生和残疾人投入到电商创业和就业之中，全市利用电商平台开展"双创"的人数达到18000余人。电子商务产业链积极吸纳建档立卡贫困人口务工就业，增加贫困群众收入，为全市提供就业岗位8万多个，其中吸纳贫困户就业2万多人。截至2017年年底，陇南市贫困人口减少到了31.69万人，贫困发生率进一步下降到13.4%。因此，陇南市先后被命名为全国唯一的"电商扶贫示范市"，被确定为第三批国家电子商务示范城市，并且获得了2015中国消除贫困创新奖。

（二）广西河池"整乡推进"

1. 广西河池"整乡推进"的选择依据

河池市位于广西省的西北部，云贵高原的南缘，是祖国西南地区走向珠三角、走向"东盟"的必经之地和咽喉要塞，市辖9县2区，总面积约3.35万平方公里，总人口约429万。河池市集少数民族地区、革命老区、边远山区、石漠化地区、贫困地区、水库移民区多种类型区域于一体，是广西省乃至全国脱贫攻坚的主战场。受

---

[1] 王建强，何建华. 完善甘肃省电商助力精准扶贫的对策研究——电商助力精准扶贫的战略方向 [J]. 商业经济, 2018, No. 504 (08): 42-45.

到自然地理条件恶劣等因素的影响,直至2011年,全市11个县(市、区)中7个是国家扶贫开发工作的重点县,8个属于全国集中连片特困地区之一的滇桂黔石漠化片区县,1133个贫困村,农村贫困人口达162.66万人,占全市农村人口的45.4%。

在过去30多年的扶贫攻坚中,河池市通过以县为单位和"整村推进"开展扶贫攻坚,总体而言扶贫工作取得一定成效,但是仍然存在许多尚未得到有效解决的难题,其中以哪一级行政单位才能有效推进扶贫攻坚工作是主要问题。在以县为单位推进扶贫工作的过程中,发现县内的乡镇众多且实际发展状况复杂,乡镇之间的发展水平差距较大,而真正贫困对象往往在每家每户,甚至到个人,存在"大水漫灌"的问题,加之资金有限,无法满足攻坚扶贫覆盖全县,因此实际收效甚微。在以村为单位推进扶贫工作的过程中,往往村与村之间的发展水平差距甚小,贫困村的识别难度加大,因此对于具体扶贫对象的筛选成为难题。同时,以村为单位进行资金投放,存在资源配置过于分散、大项目难以实施、无法发挥"规模效应"、产业辐射能力弱等问题。因此河池市急需探索符合河池实际的脱贫攻坚新路子。

相比以县为单元和"整村推进",以乡作为一个区域单位开展扶贫攻坚,整体资源和经济社会发展水平差距相差不大,管理幅度既不会过大又不会过小,能够恰好避免"以县为单位"和"整村推进"的不足,有利于统筹规划、统一建设,最大限度地集中人力物力财力来合力攻坚。这样既能提高资源配置的效率,又能提高扶贫资源配置的精准度。具体来说,河池市"整乡推进"的脱贫攻坚工作就是以一个乡为单元,通过整合资金和各类资源,加大投入力度,将扶贫产业开发、基础设施建设和易地移民安置等统筹规划、统一建设,从而实现项目建设精准到村,帮扶举措精准到户,大大降低单位投入成本,最终提高项目建设的整体水平和实现脱贫攻坚的规模效应。

2. 河池大安乡"整乡推进"

大安乡隶属河池市环江毛南族自治县，截至2011年年末，全乡共有7个行政村，农户6763户，人口21151人。按照新的扶贫标准衡量，大安乡2011年有5个贫困村，2261户贫困户，贫困人口9787人，贫困发生率为46%，分别比全国平均水平、全广西省的平均水平高出33.3%和10.9%。大安乡基础设施建设薄弱，产业发展相对落后。贫困群众缺乏持续增收的经济来源渠道，2011年农民人均纯收入仅2978元，比全县人均4342元少了1364元，只及全国平均水平的42.68%。加之石山地区自然条件恶劣，耕地面积不足，人口居住分散，交通极度不便，整体科技文化发展落后，贫困人口教育水平不高，返贫率较高，脱贫任务十分艰巨。面对如此艰巨的贫困现状，为了从根本上改变大安乡深度贫困地区的落后面貌，中共河池市委、市人民政府根据中央和自治区党委关于坚决打好新时期扶贫攻坚战的决策部署，于2012年4月启动了大安乡"整乡推进"脱贫攻坚示范区建设项目，开展深度贫困山区脱贫攻坚的实践。大安乡"整乡推进"脱贫攻坚的主要措施如下。

第一，结合地方实际情况，构建扶贫攻坚工作的脱贫标准，统筹项目规划的制定，其中最重要的就是提出"6688"体系。根据《中国农村扶贫开发纲要（2011—2020年）》对于脱贫标准的要求，大安乡结合自身实际发展情况，将脱贫攻坚目标的标准指标具体到乡、村、屯、户四个单位层级，乡、村两级要求做到"六有"，屯、户要求做到"八有"，简称为"6688"体系，成为大安乡在脱贫攻坚工作推进过程中的整体方向和目标。再者就是整个脱贫攻坚示范区项目建设过程中的项目规划，由政府统一规划并制定路线；而具体项目需求和项目建设则是由村屯干部群众提出，逐级汇总到乡；而具体规划制定的过程则是由村屯干部、群众代表、各个业务部门等多方参与讨论，集合群众意见和业务部门的专业建议进行项目确立，最终确立结果再对应村屯进行公示，群众无异议之后再开始建设实施。这种"自下而上"的项目规划办法有利于避免政府"自上而下"直接进行项目投放的盲目性，同时"多方参与"的办法能够最大限度地集中民智，凝聚共识，调动群众参与脱贫攻坚的积极性，从而在确保满足各村屯发展需求的基础上实现资源的有效配置，体现了"发展为了人民，发展依靠人民，发展成果由人民共享"的基本思想。

第二，深入人民群众内部，摸清贫困状况和脱贫攻坚的工作难度所在。在大安乡的脱贫工作开展过程中，不同贫困村屯的发展水平不同，与其他村屯相比发展水平存在差距；不同贫困对象的贫困程度不同，致贫因素也不同。为了有针对性地帮助贫困对象脱贫，做到"对症下药"，大安乡将摸清贫困对象的具体状况作为前期基础工作。大安乡首先组建了由150名县乡村干部构成的脱贫攻坚工作组，深入全乡196个自然屯，对600多个农户开展地毯式的入户调查，全面掌握各个村屯、各家各户的基本状况。在掌握了贫困对象的基本状况后，组织相关人员做不同贫困对象的贫困水平和致贫因素的分析归类，将收集到的信息资料登记成册，建立具体到贫困户个体的基本信息库。在脱贫攻坚工作的开展过程中，除了摸清贫困对象的基本状况，还要着眼于各个贫困单位对于基础设施、基本公共服务和产业发展的需求，因此大安乡在走访的同时也摸清了贫困户对于扶贫产业发展的需求倾向，设置了"产业覆盖贫困户信息卡"，登记在册。整个走访调查工作开展长达5个多月时间，确保基础性工作的稳扎稳打，深入具体。此项工作不仅有利于了解大安乡现存贫困状况与问题，更有利于联系群众、动员群众，为接下来各个项目的规划建设打下良好的群众基础。

第三，紧抓贫困群众最迫切的需要，优先发展基础设施的建设。基础设施是制约乡村发展的主要因素，没有良好的基础设施，就没有人民群众良好的基本生存条件，不解决基础生存问题也难以进一步追求脱贫致富奔小康的目标，因此优先建设基础设施成为大安乡脱贫攻坚的重要切入点。在具体落实工作中，大安乡先后制定了1个乡级总体规划、7个村级规划和1个移民点专项规划，提出了41个大项目428个子项目，项目涉及农村道路、农田水利、人畜饮水、土地综合整治、易地扶贫搬迁、扶贫产业覆盖、人才教育培训、基本公共服务、村容村貌改造等。对于基础设施的规划建设，开创了大安乡示范区建设的道路，使得脱贫工作有了明确的路线规划和实施计划，也明确了各级乡村屯的工作任务和工作目标。

第四，推动本土产业发展，以扶贫产业覆盖带动区域发展。区域的发展不能靠扶持单个贫困对象，更重要的是依靠产业支撑带动区域发展，从而推进扶贫工作，因此大安乡提出"选好产业、引好龙头、上好项目、创好机制"的整体思路，在促进桑蚕、甘蔗等传统产业提质增效的基础上，重点培育当地具有发展优势的特色产业。首先，根据大安乡现存自然资源和经济资源优势，结合国内大市场的需求，选择了优先发展的两大支柱产品——红心香柚和薄壳核桃。其次，在前期考察和调研中，筛选出了金果和银河两家相对发展规模较大、发展潜力较大的企业，作为"龙头企业"优先培养发展；再次，在上好项目上，专注投入资金促进产业发展和群众技术培训，确保生产要素投入能够发挥聚集效应，从而形成区域化和规模化生产。最后，结合产业实际能覆盖的范围，建立起"公司+合作社+基地+农户"的经营机制，实现从面到线、由线落点到户的产业覆盖，为了调动贫困对象参与扶贫产业的发展，建立了"以奖代补"的奖励机制，鼓励群众积极参与。

第五，增强综合持续造血功能，实施科教引领工程和基本医疗保障工程，促进贫困人口可持续脱贫。实施科教引领工程，是要从根本上切断贫穷落后的恶性循环。首先要兴建学校，为教学活动的实现提供良好的场所和环境。大安乡在脱贫攻坚的工作进程中，加快中小学、幼儿园的校舍建设，新建5所小学教学楼及学生宿舍，54套教师周转房，维修改造11个教学点校舍，还新建乡中心校幼儿园、环界中心小学幼儿园,在 6 所小学附设村级幼儿园。同时,为确保义务教育的实施和学生巩固率的高位稳定,落实义务教育阶段免学杂费政策和农村学校学生营养改善项目,保证学生在接受义务教育期间能够克服经济问题。除了对于基础教育的建设外,充足的可用劳动力是脱贫攻坚道路上的保障,因此大安乡积极开展相关劳动力技术培训,一年内多次多期地对贫困对象进行实用技术培训,每年培训劳动力 3000 多人次。实施基本医疗保障工程,是为了更好地满足群众的就近就医的需求,减少大型疾病导致贫困对象"返贫",结合大安乡的实际医疗卫生情况,完善医疗卫生基础设施,建好乡中心卫生院和 7 个村级卫生室,配备完善齐全的医疗器械和医疗设备,加强对乡村医生的业务培训,建设一支良好的医疗人员队伍。同时,基本医疗保障工程还包括对乡村生态环境和人居环境的建设,具体的实施是兴建垃圾池和农村卫生厕所,保证每个村屯都有一个垃圾池集中处理垃圾,保证"户有卫生厕所率"达到 95.1%,从"小建设"推动大安乡美丽乡村建设。

第六,发挥党员的先锋带头模范作用,推行"党建带扶贫"模式。首先,在扶贫攻坚的工作中,可以将脱贫致富能手发展成党员,将党员培养成脱贫致富的带头人,通过创建"致富支部"、开展支部活动等措施,提升农村基层党组织的战斗堡垒作用,发挥党员在群众脱贫致富过程中的先锋模范作用。其次,完善基层贫困治理主体,尝试在村、屯两个分级成立党群联席理事会,将驻村第一书记、党员代表、经济能人、农民技术员、致富积极分子等纳入理事会中,发挥基层贫困治理主体与群众之间的桥梁和纽带作用,尤其切实做好宣传、教育和带领群众参与脱贫攻坚的工作。在宣传中,使广大人民群众认识到幸福美好的生活要靠自己的双手努力奋斗得来,大安乡脱贫攻坚的工作就是一次机遇,必须要抓住机遇自立自强、艰苦奋斗,脱贫致富,从而建成小康社会,最大限度地调动大安乡村

民群众参与"整乡推进"脱贫攻坚的积极性。❶

经过三年多的艰苦奋斗，大安乡"整乡推进"脱贫攻坚取得了显著成效，达到了"6688"体系的预期目的。道路硬化率大大提高，灌溉面积达5000多亩，新增饮水安全680户3400人，电网改造18处；截至2015年年底，全乡甘蔗种植面积达2.1万亩，桑园达1.9万亩，核桃达1.86万亩，红心香柚达1.7万亩，全乡4个"万亩产业"初步形成，使产业覆盖贫困户率达96.68%。扶贫产业的规模化、集约化发展不仅拓宽了农村群众收入来源的渠道，也促进了贫困对象持续稳定增收。2015年经新一轮精准识别，大安乡的贫困人口与2011年相比减少了8209人，减幅达到83.87%。❷ 2016年，全乡农民可支配收入达到6400元，扶贫产业发展成效明显。足见大安乡"整乡推动"脱贫攻坚的综合效果。

（三）山西吕梁造林专业合作社❸

1. 山西吕梁基本情况

吕梁市地处三晋大地，是全国14个集中连片贫困地区之一。受长期封闭保守、开发相对滞后等因素影响，吕梁是山西省最大的区域性整体贫困地区，其贫困人口数量占到山西省总数的20.7%，达到了48万人，市内包含多个国家级、省级贫困县，国家级贫困县包括临县、兴县、岚县、石楼、中阳、方山6个县，省级贫困县包括交口、柳林、离石3个县区。从另一角度说，吕梁也存在着脱贫发

---

❶ 凌经球. 探索深度贫困山区脱贫攻坚的可行路径——广西河池市大安乡"整乡推进"脱贫攻坚的实践及启示［J］. 党政研究，2017（5）.
❷ 凌经球. 探索深度贫困山区脱贫攻坚的可行路径——广西河池市大安乡"整乡推进"脱贫攻坚的实践及启示［J］. 党政研究，2017（5）.
❸ 资料整理自吕梁网（www.ll.gov.cn）、《吕梁日报》、《吕梁发布》（山西省吕梁市新闻办公室官方微博等官方媒体）。

展的机会。一方面，吕梁有着丰富的矿产资源，全市有 40 多种矿产，其中包括高品质、大储量的铁、煤、铝等资源；另一方面，吕梁的农业农产品相对而言比较发达，有着白酒、大枣、核桃、小杂粮等当地特产，还有着汾酒、竹叶青两大白酒知名公司，白酒业较为发达。虽然吕梁的整体贫困现状比较严重，但未来的发展潜力巨大。在贫困现状挑战与脱贫机遇并存的基础上，吕梁探索出了一条特有的脱贫之路，即以吕梁的资源优势为依托，以解决区域大面积贫困与生态环境脆弱的问题为目标，创造了造林专业合作社扶贫模式，通过鼓励贫困居民参与生态建设，实现贫困户的就业、收入与脱贫，同时使得生态环境与地区经济发展相互促进。

2. 吕梁造林专业合作社模式

吕梁造林专业合作社模式是将扶贫与生态建设的任务相互结合，以村户为单位结成合作社，由政府为农民们提供绿色建设、造林等方面的条件与服务，发动有劳动能力的贫困群体进入生态建设的项目、工程中，使得贫困群体在生态建设中能够得到工作与收入，从而推动脱贫工作的开展。在建设的前期，政府为农民们提供造林绿化的相关指导与服务，并做好生态建设的规划、建设标准与质量监督。当农民完成植树造林等任务时，政府再将合格的林地推向市场，或由政府自行购买，从而实现价值的变现，使贫困户能够获得可观的经济收益，同时促进当地的生态建设，一举两得。

3. 典型——岚县扶贫攻坚造林专业合作社

岚县是吕梁造林合作社扶贫模式的一个典型。近年来岚县将生态建设与脱贫工作合二为一，进行了许多大胆的体制机制创新，为吕梁的脱贫工作树立了一个榜样。岚县模式致力于推动扶贫与生态建设、经济发展与环境保护的双赢局面的形成，以合作社为基点，以本县有劳动能力的贫困群体为主体，促进贫困户在生态环境建设、植树造林、绿化保护等方面发挥作用，同时从中获得稳定的工作与收入，从而建立生态扶贫新模式。

2016年，岚县实施合作社造林3.3万亩，由31个扶贫攻坚造林专业合作社承接，涉及1737人贫困人口，人均劳务收入5000元左右。截至目前，全县共建立扶贫攻坚造林专业合作社96个，涵盖12个乡镇，共有2040户入社，其中建档立卡贫困户1770户，涉及贫困人口5206人。2017年实施的13.87万亩造林任务全部由造林扶贫攻坚合作社实施。目前，全县已成立了5个生态管护专业合作社，共有社员153人，贫困人口92人，加上原有的469名管护人员，对全县林木管护实现了全覆盖❶。

岚县针对生态扶贫新模式，主要在5个方面进行了制度创新。

一是在政策方面。为保障和规范合作社购买式造林顺利实施，根据省委省政府《关于坚决打赢全省脱贫攻坚战的实施意见》和四厅局《关于扶持发展扶贫攻坚造林专业合作社的指导意见》要求，研究出台了《岚县生态扶贫实施意见》《岚县扶贫攻坚造林专业合作社管理办法》《购买式造林试点工作实施方案》《购买式造林管理办法》和《岚县购买式造林议标办法》，形成了一整套完善的管理制度。❷

二是在生态建设总体规划方面。岚县的生态建设与总体规划由县政府牵头，县林业局、各部门专业人员与黑茶山林业局设计队合作完成生态造林的总体方案，确保计划能够根据不同地区的地质条件进行调整，做到因地制宜，保障方案的合适性、经济性与可持续性。

三是在合作社制度设计方面。合作社的建设、运营与监督由多个政府部门与社会组织合作完成，相互协作共同实现合作社模式的良好运行。其中的部门与组织包括县扶贫办、农经中心、工商局、林业局、金融部门等，具体承担的职责包括落实贫困户在生态建设

---

❶ 乔云. 创新合作社造林护林新机制 实现生态建设脱贫攻坚双赢［N］. 吕梁日报，2017-03-31.

❷ 乔云. 创新合作社造林护林新机制 实现生态建设脱贫攻坚双赢［N］. 吕梁日报，2017-03-31.

工程上的精准参与、保障合作社的平稳运行、办理好合作社的相关手续与建设的资质认证、提供人力技术等方面的资源。

　　四是在生态环境建设的管理机制上。生态造林建设的具体任务安排遵从民主和科学原则，一方面，由镇政府与各村级干部牵头，广泛征集目标群众的意见，实地考察调研，从而开展对建设方案的设计与评定，并且在完成之后进行公示，保障参与群众的权利，努力推动不同群体形成共识。另一方面，实现任务安排的科学性、合适性，确保给每一个合作社安排的任务量与具体操作符合实际情况，既有可操作性又能调动人的积极性，保障计划落实。

　　五是在生态建设质量监管体制上。为了确保生态建设与扶贫双赢局面的实现，政府建立了一套从计划实施过程到项目完成后的完整流程监管体系，县、镇政府主要负责在生态建设计划实施过程中进行监督与检查，以及提供造林管护服务，保障造林方案能够按照计划实施推进，对计划的完成质量进行控制。而在造林项目目标完成后，由乡镇组织对项目的完成情况、完成质量进行考察与验收，通过了质量检验后由政府进行回购。

　　岚县的生态扶贫模式的成功主要体现在以下三个方面。

　　一是增加了贫困群众的收入。造林专业合作社以贫困群体为主要目标对象，保障贫困户能够在生态建设中获得最大收益，使得生态建设与贫困户收入紧密联系。合作社模式保障由造林工程获得的收益能够有至少六成作为合作分红进入贫困户的腰包中，实际提升贫困户收入，使得贫困群体成为该模式的最大受益者。更多地，合作社模式使得贫困户参与到了生态建设的每一个环节，生态建设的质量、效益与贫困户最终收入挂钩，在政府与社会组织的保障下，贫困群体能够逐步实现脱贫，生态建设也能够得到保障。

　　二是增加了本地苗木的销路。现有的生态扶贫模式打破了旧的生态建设方案的弊端，将本地的苗木资源调动起来进行生态建设，而不是继续通过招标模式采用外地的苗木资源，充分考虑到了方案的经济性与科学性。一方面,新模式调整解决了本地市场苗木出现的滞销问题;另一方面,调用本地资源能够最大程度地节约物流、运输等方面的成本,提高资源的使用效率。总的来说,新的生态建设模式实现了市场效益与环境效益相结合的目标,既提高了生态建设效率,又解决了苗木市场供需问题。

三是增加了生态质量效益。岚县生态扶贫合作社新模式通过将贫困户收入高低与生态建设质量相互联系起来,打破了原先行政化指令的弊端,大大提高了参与人群的积极性,使生态建设的质量与效率能够得到提高,造林的建设速度、造林质量等指标明显提升,生态建设的任务指标得以高效率地完成,实现了生态环境改善与地区整体性贫困问题解决的共赢局面。更多地,地区生态环境的改善为农民进一步发展农业、养殖业、旅游观光业提供了良好条件,打开了岚县未来经济发展的道路,岚县探索出了一条结合自身实际情况、切实可行的扶贫发展与生态建设之路。

岚县在创新实践中获益匪浅。从2016年开始,吕梁市岚县将生态治理与精准扶贫结合起来,在全县推广"合作社+贫困户"的造林模式。在乡政府的帮扶下,村民马兰柱与村里的48户贫困户成立了"林得财扶贫攻坚造林专业合作社",从去年以来,共完成了2060亩的造林任务。截至2017年,岚县通过专业造林合作社已完成6万亩荒山荒坡的造林任务,带动9个乡镇23个村1737人稳定脱贫,人均劳务收入达5000元。通过把生态建设作为脱贫攻坚的重要桥梁,吕梁打赢了脱贫攻坚和生态治理两场战役。[1]

---

[1] 乔云. 创新合作社造林护林新机制 实现生态建设脱贫攻坚双赢[N]. 吕梁日报,2017-03-31.

（四）重庆彭水县交通扶贫[1]

1. 彭水县交通扶贫概况

彭水苗族土家族自治县（简称彭水县）位于重庆市东南部，地处武陵山区，居乌江下游。该县总面积 3903 平方公里，辖 3 个街道、18 个镇、18 个乡、296 个村（居），户籍人口 70.3 万人。全县有苗族、土家族等 11 个少数民族，占总人口的 63.9%，是重庆市唯一以苗族为主的少数民族自治县。彭水县是重庆"一圈两翼"发展战略中"渝东南一翼"的门户，形成了以公路、铁路、水路为一体的水陆交通枢纽，是渝川地区出入东南沿海陆上交通的咽喉要塞。重庆至湖南长沙高速公路（渝湘高速公路）途经彭水县，从彭水县到重庆山区 180 公里，到长沙市区 550 公里。319 国道横贯彭水县全境，与渝湘高速公路形成两条通畅的大动脉。境内有彭酉、彭务、彭武、彭黔 4 条二级公路与周边地区相连。渝怀铁路经彭水县，横贯渝东南，为川渝出海铁路大通道，铁路可达上海、广州、深圳、厦门等地。铁路货运能力为 26 万吨/年。乌江纵贯彭水县全境，再汇入长江，距长江口约 120 公里，1000 吨级船只可直达重庆、武汉、上海等地。

截至 2016 年年底，彭水县农村公路里程为 4822 公里。其中，县道共 204 公里，包括沥青路面 154 公里、水泥路面 50 公里；乡道共 381 公里，包括沥青路面 154 公里、水泥路面 227 公里；村道共 4237 公里，包括沥青路面 64 公里、水泥路面 2686 公里、结碎石路面 1487 公里。全县公路路网密度以国土面积计算为 142.83 公里/百

---

[1] 资料整理自课题组赴重庆市彭水土家族自治县交通管理委员会获得的调研资料，部分资料已经公开发表于《民族地区精准扶贫难点问题研究》（方堃著，科学出版社 2018 年出版）。

平方公里，以人口数量计算为81.98公里/万人，乡镇通畅率、行政村通畅率、撤并村通畅率达100%。目前，已建成农村招呼站点366个，农村客运线路107条，有农村客运车辆347辆。彭水县全县296个村、社区中已通客车279个，县、乡道公路安保工程覆盖率达100%。全县水路里程288公里，其中乌江通航航道67公里。渝怀铁路在彭水县境内长68公里，总投资约24亿元，已于2006年11月正式通车，铁路日发送旅客600人次以上。总体上，由国省道和农村公路组成的彭水县公路网，以及水路、铁路运输网共同构建的立体式交通网，为解决山区群众出行难问题和交通扶贫奠定了基础。

2. 彭水县交通扶贫的措施及成效

1）农村公路建设进展迅速，有力助推脱贫致富

（1）围绕大局，科学制定交通规划。彭水县根据全面建成生态特色宜居城、生态旅游目的地、生态产业发展区、生态文明示范县的目标定位，以及限时打赢脱贫攻坚战、全面建成小康社会的战略部署，将农村公路规划与新农村建设规划及农业产业、旅游产业的发展规划相结合，既解决了群众出行难问题，又注重产业发展。彭水县编制完成了《彭水自治县综合交通运输"十三五"发展规划》《彭水自治县县乡道公路网布局规划》《彭水自治县"十三五"公路养护发展规划》《彭水自治县城乡客运"十三五"发展规划》等一系列交通规划，为加快推进新型城镇化、农业现代化、旅游产业化和促进贫困群众脱贫致富制定了路线图和时间表。

（2）多方筹资，强化资金保障。彭水县在交通扶贫过程中，以上级扶持、业主自筹、多元化投入为原则，形成了"七个一点"的筹资模式。向重庆市争取一点，通过加大向市交委员会、市公路局争取各项支持，确保建设资金按时足额到位；县级相关部门资金打捆一点，通过打捆使用以工代赈、财政扶贫、民族发展资金等专项经费，加大整合力度，合力支持偏远山区农村公路建设；银行贷款一点，2016年重庆福冠交通建设投资集团有限公司（简称福冠集

团）向中国农业发展银行申请贷款4.4亿元用于农村公路建设，拓宽了交通扶贫的融资渠道；群众筹资投劳解决一点，通过深入宣传，广泛动员社会捐资和群众投工投劳，帮助解决部分资金和劳动力缺口的问题；科学管理节省一点，通过加强过程管理，科学制定施工组织方案，最大限度降低农村公路建设成本，节约部分资金；联合建设融入一点，通过与公路周边受益厂矿企业联合开展建设，实现交通扶贫与产业扶贫对接；相关部门减免一点，在办理工程审批手续时，县林业局、环保局、国土房管局、水务局等部门依照有关规定减免部分费用。

（3）精简流程，降低成本。为加快农村公路建设，提高脱贫攻坚的能力，彭水县在项目建设过程中，对"村通畅"项目实行招标制度，选择近年来在交通行业有资质、有实力、有技术，且群众认可度、诚信度高的企业施工，以保证农村公路建设质量。对"村通达"项目采取直接发包的办法，由项目业主组织发包并实施，动员群众投工投劳共同参与建设，严格把工程质量关，快速推进公路扶贫工程建设。对农村公路建设资金的审批流程，由原来的9个环节简化为5个核心环节，大大提高了行政审批效率。流程简化后，每个项目至少缩短前期工作准备时间2个月，节约了建设成本。

2）农村公路管养更加规范，服务效能大幅提升

（1）加大农村公路资金投入，切实加强公路日常养护和保养。自"十二五"以来，彭水县累计投入农村公路养护资金8275万元，其中日常养护经费4275万元（县道2625万元、乡道735万元、村道915万元）；因暴雨、洪水造成路基、路面、桥梁及其他设施的损毁（简称水毁）整治资金3000万元，用于购买农村公路水毁保险及保险外的公路水毁整治；大修整治资金1000万元，完成了彭黄公路、香高公路、保迁公路、小桐公路等大修整治工程。采取定员养护、承包养护和委托养护等方式，全面加强公路日常养护管理、小修保养和一般公路损毁小修保养，完成了县城至阿依河公路、县城

至摩围山旅游公路，以及火车站出口路段的维修整治。

（2）理顺公路养护管理体制，建立健全管养工作机制。该县将原县国道养护管理段和县养路段合并组建了县公路局，并将路政执法中队分离，单独成立县路政管理大队。县农村公路实施分级管养模式，即县公路局、路政管理大队负责县道的养护管理工作，乡镇（街道）负责乡道的养护管理工作，村养护协会负责村道的养护管理工作。同时，不断完善养护管理机构，充实相关工作人员。县工路局增设了村公路管理办公室，负责农村公路管养工作，按照公路行业技术标准，定期对农村公路养护质量进行考核评定，即对县道、乡道、村道分别实行月度、季度和半年度考核评定。

（3）积极探索农村公路养护新模式。每年由县财政投入资金300万元，为全县农村公路购买保险，由保险公司承担农村公路因自然灾害造成损毁的风险，2015年和2016年分别获赔330万元和500万元，在一定程度上弥补了养护资金的不足。投资500余万元新建了渝东南片区智能化公路养护应急基地，并投入资金300余万元配备了专业养护设备，大力推行人机结合养护作业，提高了养护机械化水平。基地现有综合养护车1台、道路清扫车2台、灌缝车1台、装载机3台、大型轮式挖掘机1台、小型轮式挖掘机1台、抢险照明车1台、多功能工程车1台、空压机2套，已具备二类乙级公路养护资质。

3）加强公路路政管理，发展便民农村客运

彭水县通过每年的"路政宣传月"活动，组织义务宣传员深入厂矿、企业、学校，广泛开展路政宣传，共计发放各类宣传资料5万余册，在电视台进行专题宣传6场次，设置宣传牌70余块，增强了群众爱路护路的意识。以干线公路、旅游公路为重点，及时发现并制止公路沿线违章建筑和违规占用公路的行为。"十二五"以来，共计拆除违章建筑59处，清理公路乱堆乱占3777处，恢复公路护栏39369米；受理投诉案件159件，结案率达98%以上。县路政管理大队将乡村公路的行政检查权、违法行为制止权和行政处罚权委托给乡镇（街道），聘请了部分村干部作为路政协管员，参与公路巡查工作，形成了齐抓共管的局面，有效维护了公路路产路权。在农村客运公交化和招呼站点建设方面，彭水县在城镇化水平较高的乡镇全部开行公交线路，为方便偏远乡村居民出行，农村客运站点（招呼站点）与新改建农村公路项目同步设计，同步建设，同步交付使用。全县已建成农村客运招呼站点366个，公交汽车实行低票价运营，全面落实70周岁以上老人和学生、残疾人等特殊群体的优惠政策，群众出行更便捷、更舒适、更安全。

3. 彭水县交通扶贫面临的主要困难

首先，农村公路建养资金缺口较大。2006—2016年，重庆市累计下达农村公路"村通畅"项目189个，计1873公里，补助资金7.4亿元；下达"村通达"项目131个，计393公里，补助资金1.26亿元。彭水县实际建成"村通畅"项目2686公里，总投资12.89亿元；实际建成"村通达"项目2579公里，总投资2.71亿元。提高标准建设和超前实施，导致农村公路建设资金缺口达6.94亿元（通畅公路建设资金缺口5.49亿元，通达公路建设资金缺口1.45亿元）。彭水县应纳入养护的村道共4237公里，但实际得到市级认可并补助养护经费的里程为1200公里，剩余3037公里的村道未获养护补助费，每年缺口约300万元。市级每年补助彭水县养护资金855万元，但需按1∶1的比例实行县级配套，因县财政资金有限，无法予以落实。该县每年还有约1700万元水毁和大修整治资金没有来源。因此，彭水县每年农村公路养护经费缺口达2855万元。

其次，通过公路建设带动脱贫致富的能力较弱。彭水县土地面积广，人口分散，农村公路路网密度、通达深度和畅通度仍很低，制约了部分脱贫产业向纵深发展的能力。例如，由于农村公路路网结构不合理，农村公路断头路多，与周边区县之间、乡镇与乡镇之间、村组与村组之间的互联互通水平低，迂回运输情况普遍，公路服务效率不高,难以满足电商物流、旅游客运等脱贫产业的发展需求。该县公路等级普遍偏低,据统计,全县二级及以上等级公路仅占公路总里程的6%,远低于重庆市的平均水平。村道公路因受地形和资金限制,大部分道路的路面宽度仅为4.5米,且路面状况较差、错车道较少。"大走访、回头看"活动调查摸底发现,群众目前迫切要求新建或硬化的公路超过3000公里,现有公路交通瓶颈仍然制约着农村公路运输服务能力的提升,对优质农副产品走出山村转化为经济效益造成了阻碍。

再次,农村公路养护人员缺乏,重建轻养的现象仍然存在。随着公路建设加快,养护管理需求不断增加,但相关部门对其重视程度不高,各乡镇没有设置独立的公路养护管理机构,日常工作职责多由安全生产监督管理办公室人员兼任,由于安监工作本身压力大、任务重,工作人员分身乏术,投入公路养护管理的精力有限。目前,全县现有在编专职管养人员仅能承担国道及部分省道的养护任务,其余省道及县道的养护工作只能承包给当地农民来完成,养护水平较低。加上养护经费不足,部分贫困乡镇没有配备固定的专业养护人员,主要采取季节性临时养护的方式维持运行,养护质量难以保证。

最后,路政管理工作有待加强,农村客运发展面临新挑战。近年来,在公路控制红线内乱修乱建、乱堆乱放等现象仍时有发生,群众爱路护路意识还有待提高。在交通网络的覆盖和完善过程中,路政管理所涉及的领域不断扩大,利益诉求日益多样化,对路政执法人员的业务能力提出了新的要求。随着私家车增多,农村居民的出行方式发生了深刻变化,其对公共交通的依赖性降低,农村客运量呈下降趋势。由于偏远乡村居民居住分散,运输成本高、利润少,部分客运车辆经营者在合同到期后不愿意继续运营,可能会给一些贫困群众的出行带来新的阻碍。与此同时,城镇化较快地区的周边农村人口流出量大,常住人口少,日常出行需求不高,导致运力资源闲置。

4. 彭水县交通扶贫的保障对策

（1）多方筹资填补资金缺口。立足重庆市"生态保护发展区"的功能定位和"三大功能区"划分，对接国家"一带一路"和长江经济带发展等重大倡议与战略要求，紧抓交通基础设施建设的机遇期，争取更多的政策支持和资金投入。在当前宏观政策的惠及下，用足、用好国家政策性贷款资源，充分利用福冠集团的融资优势，深化与银行金融机构的合作，引入社会资本参与项目建设、管理、养护和运营，进一步拓宽投融资渠道，增强筹资能力。加强部门协调，统筹使用各类专项资金用于交通建设和公路管理，为交通扶贫提供资金保障。

（2）大力推进农村公路建设，激发交通扶贫的牵引联动效应。重点围绕乡村旅游、电商物流、易地扶贫搬迁等扶贫产业发展需要，以及满足贫困群众的多层次出行需求，逐步按照路基宽度8.5米的标准推进一批县乡公路改造升级工程，按照四级公路标准新改建一批联网公路和撤并"村通畅"公路，对路基宽度小于4.5米或路面宽度小于3.5米的窄路面路段进行拓宽加固，以达到投放客车和运输大宗物资的通行要求。加强公路路网建设，尤其是强化干线延长线和支线建设，打通"断头路"，疏通"肠梗阻"，实现县域交通网络对偏远民族地区延伸覆盖。调动贫困群众参与的积极性，吸纳公路沿线农村剩余劳动力投工投劳，依托公路建设引导产业和人口集聚，扩大县城和重点镇规模，促进贫困人口创业增收。

（3）强化农村公路养护管理。明确各级农村公路建设的主体责任，设置专门的养护管理机构，建立"统一领导、分级管理、以县为主、乡村配合"的长效管养机制。完善农村公路养护管理工作制度，将"畅、安、舒、美"作为公路行车环境综合治理的目标，全面实施"四大工程"，即文明样板路示范工程、公路养护畅通工程、科学养路创新工程、职工文化素质提高工程。增强养护人员的服务意识、责任意识，提高公路养护管理水平，构建科学合理的绩效考评体系，通过月检查、季考核的方式，加大对以乡镇（街道）为主体的农村公路养护管理工作的监督考核力度，确保乡村公路通行安全、顺畅。

（4）加大路政管理力度，创新农村客运模式。严格管控公路红线，对乱堆乱占、乱搭乱建的行为重拳出击。强化源头治理和综合治理，建立超限超载治理的有效机制，切实维护路产路权。加大公路法律法规的宣传教育力度，提高群众爱路护路的意识。健全县、乡、村三级路政管理体系，通过开展业务培训，提高基层执法人员依法管理的能力。深入农村客运市场调查研究，评估未通客运贫困村的运力投放效果，实行农村客运片区化经营。按照"多站合一、资源共享"的方式，积极推广货运班线、客运班车代运邮件等适应现代电商物流储运需要的新模式，逐步建成覆盖偏远地区的农村物流网络，实现交通扶贫与产业扶贫、旅游扶贫等的无缝对接。

第三章 扶贫之难：重庆深度贫困现状

第一节 重庆深度贫困乡镇简析

进入脱贫攻坚的新阶段后，重庆贫困人口降至20万左右，贫困发生率也降至约1%。重庆市扶贫开发领导小组采取自下而上、上下结合的方式，在14个国家级扶贫开发工作重点县中，精准识别了18个深度贫困乡镇，开展脱贫攻坚行动。18个深度贫困乡镇分别是：巫溪县中岗乡、石柱中益乡、酉阳县浪坪乡、酉阳车田乡、武隆后坪乡、黔江区金溪镇、秀山县隘口镇、彭水县三义乡、彭水自治县大垭乡、万州龙驹镇、奉节平安乡、巫溪天元乡、城口县鸡鸣乡、城口县沿河乡、开州区大进镇、丰都县三建乡、云阳县泥溪镇、巫山县双龙镇。这18个深度贫困乡镇分布在不同的15个区县，分布十分分散，同时呈现出贫困程度深、扶贫成本高、脱贫难度大等特点，诸多深层次的结构性扶贫脱贫矛盾急需在扶贫理念、扶贫理论和扶贫机制上有新的突破。

（一）基本经济状况

18个贫困乡经济结构主要以农业为主，第一产业仍然是这些乡镇的发展重点，但在不同的乡镇中情况有所不同，有的乡镇对于农业的依靠较小，并且有了一定的工业、服务业的基础。如秀山县隘口镇，第三产业年收入2704万元，与第一产业的年收入2740万元相差不多，成为镇上一个相对稳定发展的产业。但有的乡镇发展相对落后，主要产业是农业且产业结构相对单一、不稳定。

近几年，随着扶贫工作的深入发展，深度贫困乡镇所处的15个相关区县经济稳步快速增长，经济运行质量不断提高，投资与财政不断增长，居民收入不断提升，生活水平显著改善，农业与农村经济不断发展。这些都为深度贫困乡镇的脱贫攻坚提供了有利的物质基础和外部条件。

1. 经济快速增长，发展质量不断改善

表2　2016年16区县GDP总量及增速　　　　单位：万元,%

区县	GDP及其涨幅		第一产业及其涨幅		第二产业及其涨幅		第三产业及其涨幅	
渝中区	10502121	9.5	—	—	303250	2.7	10198871	9.7
万州区	8973885	10.8	670215	5.1	4297576	12.8	4006094	9.9
开州区	3606216	10.9	594512	4.9	1792033	14.1	1219671	9.5
忠县	2407023	9.2	389087	5.4	1191568	13.2	826368	6.2
奉节县	2225699	11.4	411551	5.6	864623	17.3	949525	9.5
黔江区	2188411	10	220302	5.3	1153811	10.2	814298	10.9
云阳县	2131093	10.4	454550	5.1	929972	13	746571	10.4
丰都县	1705626	11.5	321635	5	809779	14.7	574212	10.5
秀山县	1506166	10.2	212498	4.9	714828	12	578840	10.3
武隆区	1456130	10.2	215654	5.5	573879	12.7	666597	9.5
石柱县	1454176	10.5	252471	5.3	717313	12.7	484392	9.9
酉阳县	1294808	10.1	277054	5.6	545319	12.2	472435	10.3
彭水县	1286858	10.3	252467	5.2	532296	14.5	502095	8.5
巫山县	1017946	10.6	220903	5.3	324417	15.6	472626	9.7
巫溪县	823691	9.7	174990	5.9	304637	11.8	344064	9.9
城口县	451155	10.4	82991	4.9	206704	12.4	161460	11

首先，在经济总量上，深度贫困乡镇所在区县总体来说经济体

量较小，在相关区县之中，除了万州区的 GDP 达 800 多亿元，与主城区渝中区 GDP 相近之外，其余 14 区县 GDP 均在 400 亿元以下，尚不及渝中区一半，最贫困的城口县 GDP 甚至只有 45 亿元。经济总量较小既是地区贫困的侧面写照，也是制约地方脱贫攻坚步伐的重要因素。但随着区县不断地努力发展，各区县经济增速较高，各区县经济增速均在 10% 左右，最高的丰都县达到 11.5%，最低的忠县也高达 9.2%。经济的快速发展不仅是区域贫困消减的体现，同时也为脱贫攻坚提供了坚实的物质基础支撑，意味着更多的财政收入、社会资源都可以投入到区域扶贫攻坚之中，加快深度贫困乡镇的脱贫步伐。

其次，各区域经济发展质量也不断提高。各区县经济均以第二、三产业为主，且第二、三产业增速均较高。以经济基础较差的城口县为例，2016 年第一、二、三产业的产值分别为 82991 万元、206704 万元、161460 万元，占比分别为 18.40%、45.82%、35.79%。可见城口县的经济以第二产业为主导，同时第三产业也占有较大比重，并且第二、三产业均在迅速增长，相较 2015 年增速分别为 12.4%、11%。产业结构的合理化是区域经济持续发展的重要动力与关键要素，也对区域实现脱贫提供了长效的经济支撑。

2. 财政收支稳步增加，对扶贫支撑力度加大

区域财政收入是地方政府可以用来进行扶贫的社会资源的体现，财政收入的多少在一定程度上决定了地方政府扶贫力度的大小。2016 年在深度贫困乡镇所在区县中，除万州区财政收入达 60 多亿元，高于重庆主城渝中区以外，其余均远低于渝中区财政收入，不及渝中区财政收入一半，这也表明贫困区县政府可以调用于扶贫的资金相对有限，尤其是巫山、巫溪等贫困区县，财政收入只在 10 亿元左右，扶贫力度加大将给地方财政带来巨大压力。然而，相较于 2015 年，2016 年各区县财政收入除垫江县、开州区有略微下降以

外,其余区县均有所上涨,且涨幅较高,如城口县财政收入在一年内猛涨500%多,这也在一定程度上为地方政府加大扶贫力度提供了有利条件(见表3)。

表3 2016年16区县财政收支情况　　　单位:万元,%

区县	一般公共预算收入及其增幅		一般公共预算支出及其增幅	
万州区	665857	5.93	1377795	8.36
渝中区	509735	-2.49	757187	2.73
忠县	246816	84.22	815756	59.98
黔江区	214601	1.11	586167	7.92
开州区	194663	-9.70	567662	-24.72
城口县	172014	503.56	508816	87.92
武隆区	170006	24.83	544068	47.18
奉节县	167331	20.43	665375	4.78
云阳县	150292	18.48	729868	12.38
丰都县	147799	1.59	447342	-13.79
彭水县	139358	11.76	519981	14.27
酉阳县	136055	12.98	581435	13.58
石柱县	135380	7.67	454936	5.88
秀山县	120269	12.06	469052	15.12
巫山县	103166	12.03	454976	7.01
巫溪县	74631	10.55	468320	15.92

除财政收入以外,财政支出的多少也直接反映了地方政府对经济社会发展的支持力度,扶贫作为社会发展的主要内容之一也在其中。2016年,重庆市各区县财政支出普遍高于财政收入,表明各区县均偏向于运用宽松的财政政策来刺激社会经济的发展。除丰都县、开州区财政支出有所下降外,其余区县财政支出增幅均较高,大都高于当年财政收入的增速。地方财政大量的支出不仅可以为扶贫提供间接的经济环境的刺激,同时也往往意味着专用于扶贫的财政资金的增加,这对深度贫困乡镇实现脱贫攻坚是极为有利的政策环境。

3. 居民收入增加，人民生活水平提高

2016年重庆深度贫困乡镇所在区县居民人均可支配收入最高为万州区，达23965元，最低为巫溪县，为12242元，两者均远高于国家贫困线标准，表明这15个区县整体的脱贫态势良好，脱贫攻坚成效也十分显著，人均收入远高于国家贫困线。同时，15区县居民人均可支配收入均获得显著提升，增速均在10%以上，表明随着脱贫攻坚力度的不断加大，贫困人口收入在上升，推动了居民人均可支配收入的显著提升。与区县居民人均可支配收入相对应，农村常住居民人均可支配收入也获得了巨大的提升，这更加直接地体现了15区县近年来脱贫攻坚成效显著，带动了广大农村居民收入的迅速提升，贫困程度得到了极大程度的缓解（见表4）。

表4　2016年15区县居民收支情况　　　单位：元,%

区县	全体居民人均可支配收入及其增幅		农村常住居民人均可支配收入及其增幅		全体居民人均生活消费支出及其增幅		农村常住居民人均生活消费支出及其增幅	
万州区	23965	11.13	11898	10.90	18408.67	9.66	11076.74	14.83
忠县	19002	11.04	12100	10.40	13398.89	19.46	9614.71	29.58
武隆区	18240	11.83	10643	11.31	13560.73	11.31	9455.42	11.45
黔江区	17820	11.44	9820	10.90	13322.53	8.06	8328.71	11.02
开州区	17761	11.07	11238	10.50	13614.49	8.45	9682.73	9.20
石柱县	17345	11.35	10674	10.70	9861.59	4.59	7907.07	13.04
丰都县	17270	11.48	10770	10.70	11671.36	13.87	8440.88	12.74
秀山县	16061	11.50	9263	10.80	10981.09	14.91	8585.51	23.91
云阳县	15358	10.96	9982	10.25	9554.76	13.83	7838.95	21.35
奉节县	14910	10.90	9228	10.05	10867.14	7.23	7042.23	11.16
巫山县	14809	11.20	8537	10.40	10786.58	11.66	7778.91	5.88
彭水县	14219	11.62	9294	10.80	10908.66	10.40	8576.74	9.33
城口县	12810	10.72	7946	9.99	8900.37	-18.71	5849.93	-16.80
酉阳县	12521	12.05	8069	11.10	10081.11	12.11	7382.94	12.03
巫溪县	12242	10.75	7826	9.90	9590.58	-4.85	7756.00	12.06

居民生活消费支出是居民生活水平的重要指标。居民生活消费支出的增加往往意味着居民生活水平的提升。除城口县和巫溪县外，2016年各区县全体居民人均生活消费支出均有较大幅度上升，其中忠县最高上升了19.46%。各区县农村常住居民人均生活消费支出也获得了显著的提升，其中忠县高达29.58%。这也表明农村居民的生活水平在迅速提升，社会最贫困的群体生活质量在不断改善，这在很大程度上得益于近年来国家大力的扶贫政策措施。

4. 农业产值稳步提升，农村经济平稳发展

农业是农村经济的支柱，尤其是在深度贫困地区，农业经济的发展情况在很大程上影响着其脱贫的步伐。2016年深度贫困乡镇所在区县农林牧渔业均取得了平稳的发展，产值增长率普遍在5%左右，增速最快的酉阳县达5.47%，增速最慢的城口县在3.05%。同时各区县农林牧渔业的发展也呈现不均衡的发展态势，最高的万州区农林牧渔业产值接近100亿元，而最少的城口县仅为13亿元，相差达6倍之多（见表5）。这也从侧面反映出部分地区的脱贫攻坚的难度十分巨大，不仅工商业经济基础不发达，连基础的农业水平与较为发达地区也存在巨大差距，如何实现各产业平衡协调发展将是摆在地方政府面前的重大难题。

表5 2016年15区县农业与农村经济　　　　单位：万元

区县	农林牧渔业总产值与增幅		农业商品产值与增幅		农业商品率与增加百分点	
万州区	999191.43	4.49%	659412.67	14.46%	67.07	1.17
开州区	912135.20	4.36%	574814.00	14.12%	63.84	0.54
云阳县	690500.02	4.63%	415556.00	17.24%	61.39	1.99
奉节县	649825.90	4.39%	390150.00	16.14%	61.03	1.23
忠县	589894.84	4.98%	398641.23	15.46%	68.35	0.15
丰都县	475807.03	4.73%	306019.48	15.60%	65.01	1.41
酉阳县	448325.33	5.47%	265240.23	17.97%	59.54	0.94
彭水县	405210.04	4.94%	225367.00	15.74%	56.13	0.33

续表

区县	农林牧渔业总产值与增幅		农业商品产值与增幅		农业商品率与增加百分点	
石柱县	386770.82	4.95%	234355.52	17.43%	61.07	1.07
巫山县	356878.15	5.19%	173033.19	18.79%	49.28	1.58
黔江区	346792.45	4.99%	243422.97	17.29%	70.96	0.06
秀山县	342443.45	4.58%	212834.00	14.28%	63.99	0.09
武隆区	339218.98	5.24%	187250.00	17.41%	55.43	0.83
巫溪县	280424.40	5.46%	136247.49	18.44%	49.31	0.41
城口县	130201.27	3.05%	74463.00	16.59%	57.52	2.32

农业是农民收入的主要来源，农产品产值与商品率在反映农业商业化程度的同时也侧面反映了农民收入的高低。2016年深度贫困乡镇所在区县农业商品产值增长十分迅速，增速均高于14%，远高于农林牧渔业增长速度，最高的巫山县达18.79%。从农产品商品率看，除巫溪县略低于50%外，其余区县均高于50%，最高的黔江区高达70.96%，且与2015年相比各区县农产品商品率有所提升。各区县农业商品产值较高、增长迅速与近年来扶贫之中大力推动农业发展带动脱贫致富的扶贫政策措施不可分离，也是政策成效的直接反映。

（二）深度贫困乡镇特征

1. 贫困乡镇位于山区且分布分散

2017年年末，经市级核查、社会公示和国家专项评估等程序，重庆市下辖万州区、黔江区、武隆区、丰都县、秀山县达到贫困县退出相关指标，符合贫困县退出标准，退出国家扶贫开发工作重点县。随着重庆市脱贫攻坚步伐的加快，重庆市大范围内的贫困已被消除，贫困发生率由2014年年底的7.1%降低到了2018年的1.1%，但部分乡镇的深度贫困问题依然严峻。在此背景之下，重庆市政府在14个国家级扶贫开发工作重点县中，精准识别了18个深度贫困乡镇。

不同于以往集中连片的扶贫，深度贫困以乡镇为基本单位，且为各区县贫困程度最深、扶贫难度最大的地区，因而分布十分分散。18个深度贫困乡镇隶属不同的区县，主要分布于渝东南和渝东北的山区，呈现出整体分散、局部略有集中的分布特点，大多数相距较远，加大了区域扶贫的难度，无法再通过传统大水漫灌的扶贫方式加以解决，精准而有深度的帮扶便成了这些地区扶贫的主题。加上深度贫困乡镇大多处于区县交界处，远离区域政治中心和经济中心，传统的政策手段与发展模式不适应其特有的地缘条件，这既加大了脱贫攻坚的难度，同时也呼吁精准扶贫创新的治理与发展模式。

2. 贫困范围广与程度深兼具

与既往国家级贫困县或集中连片特困地区相比，深度贫困乡镇具有地域范围更小、扶贫对象更精准、贫困程度更深等特征，因而具有贫困发生率高、贫困人口占比高、贫困村占比高等特点。以18个深度贫困乡镇之一的龙驹镇为例，即使在经过了多年的精准扶贫政策帮扶之后，除其场镇社区之外，其下辖村的贫困发生率均高于13%，最高的黄显村贫困发生率为25.45%，约有超过1/4的人仍然为贫困人口（见表6）。由此可见，深度贫困乡镇贫困人口占比多，脱贫攻坚任务重。

表6 截至2018年8月龙驹镇部分村社贫困现状

村社	贫困人口	总人口	贫困发生率
龙驹社区	142	4135	3.43%
信义社区	183	2150	8.51%
灯塔社区	453	4327	10.47%
团结社区	450	4032	11.16%
赶场社区	525	4321	12.15%
梧桐村	383	2887	13.27%
岭上村	358	2328	15.38%

续表

村社	贫困人口	总人口	贫困发生率
灯台村	400	2600	15.38%
民义村	260	1522	17.08%
官坝村	269	1504	17.89%
太吉村	280	1558	17.97%
宏福村	534	2965	18.01%
分水村	452	2408	18.77%
龙溪村	431	2252	19.14%
玉合村	393	2006	19.59%
丛木村	347	1732	20.03%
向东村	235	1123	20.93%
老雄村	533	2443	21.82%
花坪村	601	2420	24.83%
黄显村	413	1623	25.45%

受自然条件和地理环境的影响，深度贫困乡镇贫困群体生活条件相对较差，加上以务农为主，收入形势单一，收入少且不稳定，众多贫困人口收入水平还处在国家贫困线以下。不健康的生活方式、过度的体力劳作、恶劣的自然环境、危险的工作条件均使得贫困群体极易生病或伤残，微薄的收入与医疗卫生公共服务体系的不健全使得一人病倒，全家贫困或返贫。生产资料不足致贫、自然灾害致贫、因病致贫、因残致贫等众多贫困群体在深度贫困乡镇依然广泛存在，尤其是其中已经丧失劳动能力的群体，其内生发展动力难以被激活，因而脱贫难度巨大。复杂的致贫因素使得深度贫困乡镇贫困程度整体较深，在贫困程度深这一基础上，生活条件差、生产资料欠缺、基础设施落后以及社会保障制度不够完善等也进一步加剧了贫困群体的脱贫难度。

3. 少数民族贫困人口较多

重庆18个深度贫困乡镇之中，有6个处于少数民族自治县，分别是石柱中益乡、酉阳浪坪乡、酉阳车田乡、秀山隘口镇、彭水三义乡、彭水大垭乡，这6个乡镇为少数民族聚居区，少数民族贫困人口较为严重。少数民族大多身处偏远农村，成为了贫困的主力军。2010年重庆4个少数民族自治县农村人口中，少数民族占比达72.04%，占比最小的彭水县也达55.91%，最高的酉阳县达94.42%（见表7）。少数民族的集中也极易导致少数民族贫困人口的集中出现，给扶贫带来一些特殊的挑战。

表7　2010年重庆少数民族自治县各民族农村人口

民族自治县	深度贫困乡镇	县人口	土家族	苗族	回族	彝族	蒙古族	其他少数民族	少数民族占比
石柱土家族自治县	中益乡	280877	220222	795	10	7	23	96	78.74%
秀山土家族苗族自治县	隘口镇	351024	151782	49070	4	15	5	375	57.33%
酉阳土家族苗族自治县	车田乡 浪坪乡	440423	362952	52737	11	17	2	138	94.42%
彭水苗族土家族自治县	三义乡 大垭乡	407685	40341	185512	134	1	1130	834	55.91%

少数民族贫困集中地区居民不仅表现为收入偏低，而且往往受教育程度也较低，进而导致劳动生产率低、思想观念落后，阻碍了其收入的进一步增加。由于受教育程度较低，少数民族贫困群体的综合素质往往偏低，缺少对于现代社会必要的知识技术储备，难以在现代市场竞争中生存，只能从事传统的农牧业生产，劳动效率较低。在现代市场经济条件下，对知识和信息的掌握已成为经济发展必不可少的因素。农产品的生产、销售以及价格变化等信息对于农业生产来说至关重要。知识匮乏不仅限制了他们只能从事农牧业，也阻碍了他们参加学习培训、掌握更多文化知识和劳动技能，进而制约了他们提高劳动生产力、增加收入的能力水平。

4. 自然资源较为丰富

深度贫困乡镇所处地区自然资源丰富。丰富的森林资源、复杂立体的地形和温和多雨的气候在一定程度上促进了物种资源的发展，18个贫困县都具有丰富的植物品种，无论是自然作物还是经济作物。原始的森林条件使得野生动物能够繁殖，并且个别县还具有特殊的珍贵品种，如巫溪县天元乡有着珍贵的红豆杉，秀山县隘口镇出产杜仲、黄柏等中药材。大部分贫困乡镇内还保留有一定的矿产资源，如城口县鸡鸣乡煤矿资源储量大约有1亿吨，巫溪县天元乡有丰富的煤炭、硫黄矿、硫铁矿等矿产资源，部分乡镇还有地形带来的水利资源的优势。

与此同时，这些地区可开发的旅游资源较为丰富。这乡镇由于身处地质复杂的深山中，尤其是原始的秦巴山区和武陵山区，大部分山林受人类的影响小，因此不乏许多秀美的自然风光，如城口县鸡鸣乡的寒溪沟自然生态林区、巫山县双龙镇的小三峡腹心地带、奉节县平安乡的关门山，等等。一些历史上遗留下来的人文景观也是潜在的旅游资源，如曾经的武陵山区，因其地形复杂恶劣而一度成为红军的革命根据地之一，如今在这些乡镇中仍然可以看到部分遗址，如城口县沿河乡曾是红三十三军的驻地；还有其他的特殊的人文景观如中溪乡人民公社遗址、鸡鸣寺院、十王庙等，这些风景都可以作为旅游景点予以开发。

第二节 深度贫困乡镇致因分析

（一）自然条件较差

重庆深度贫困乡镇主要集中分布于重庆的东北部大巴山、巫山山区，以及重庆东南部的武陵山地区等复杂的山区地形中。如城口县沿河乡的房屋主要集中在高山之间的谷地，形成"九山半水半分田""三山两谷"的特点；巫山县双龙镇四周群山环抱，地势东高西低，形似一口倾斜的铁锅；隘口镇为"三岔两沟一平坝"地形等，这些乡镇受山地的影响，他们基本上都生活在海拔500米以上的地区，因此高海拔使得冬季气温在0℃以下，每年会有一段时间的结冰期。综合起来看，一方面，在山地中进行建设面对的障碍就是地形的限制，陡峭的坡地较多而平地较少，这导致他们便于开发的耕地、建筑用地相对较少，乡镇的发展由于可用土地的缺少而受到限制。而且高山高海拔带来了低温结冰期，使得一年中能够进行耕作的时间减少，影响农业的发展。复杂的地形同样使得这一地区的交通发展受到限制，各类陡峭的地形给公路、乡道的修建增加了许多困难以及成本，给这些地区经济的发展、民众的生活带来了较大影响。另一方面，基于山地地形的优势，这18个贫困县都具有很高的森林覆盖率，其覆盖率在50%～80%之间，最高的是巫溪县中岗乡，达到了78.3%。丰富的森林资源能够带来自然资源的相对丰富，但较高的森林面积同样也限制了耕地以及其他用地的发展。此外，季风气候所带来的灾害，如大风、洪涝，以及冬季高海拔所造成的冰灾，长江流域春季的长时间梅雨天气等都是这些乡镇中常见的灾害，不仅对农业有一定的影响，对于社会的稳定以及社会财富同样存在威胁。如2017年7月重庆发生的特大暴雨导致了洪灾，使得重庆11区县16.5万人受灾，造成直接经济损失1.7亿元。

山高谷深、沟壑纵横、地形复杂是18个乡镇重要的特征之一，随之而来的便是深度贫困乡镇自然条件相对恶劣、交通不便、公共服务不足、发展潜力缺失。山地地区复杂的地形与地质限制了交通的发展，在深度扶贫之前，很多乡镇与外界联系的唯一渠道便是一条乡村土路，车辆难以高效通行，现在仍有部分乡镇的道路还未完成修建和投入使用。如黔江金溪镇，在近几年才完成了道路等基础设施的建设；巫溪天元乡，处于山坳中的村庄由于西溪河的阻碍而一直交通不畅，碰上大雨天气，河流涨水，村民的出行都成问题，直到2016年才通过修桥解决了基本的出行难题。交通难题限制了这一地区的发展。交通的不便极大地限制了贫困乡镇与外部人员、资金、信息和产品的交流与交换。交通的不便阻隔了乡镇融入更大的市场经济之中，缺乏广阔的市场使得贫困乡镇的经济只能按照传统的封闭型的模式运转，经济水平不高，效率低，贫困变得周而复始而无法发生本质的改变。

受地理条件的影响，这一地区的耕地面积偏少，耕地得到大面积开发的阻力大、难度大，大部分的乡镇耕地占比在 10%~20%，低于重庆的总耕地占比 27.17%。缺少足够的耕地使得经济作物的产量不稳定，受其他因素的影响大，从而农业以及农副产品的相关产业的发展受到影响，可利用的土地资源的缺少同样也会影响其他产业的发展。经济发展水平较低和地形限制使得贫困乡镇大多处于河谷地带，大多数规模不大，人口较少，产业缺乏，就业机会较少，收入单一。山地地形加上资源的缺乏限制了贫困乡镇发展现代产业的可能性，使得贫困乡镇只能主要发展农牧业，尤其是居住在山区而非集镇上的众多建卡贫困户、五保户等，收入形式单一且数量微薄，难以形成稳定的脱贫支撑。季风性的气候在夏季多暴雨大风天气，自然灾害加上野生动物的侵袭，农业生产风险极高，农民收入极不稳定。山地较为脆弱的生态系统经过多年的开发后，很多地区的承受能力已经达到极限，土壤肥力下降，地表裸露，水土流失，滑坡泥石流加剧，不仅使得农业生产效率降低，也给贫困地区农户生活带来一定威胁，阻碍了其脱贫进程。

此外，深度贫困乡镇所处山区喀斯特地貌分布广泛也在一定程度上阻碍其发展。喀斯特地貌主要由碳酸盐类岩石等可溶性岩石构成，因此它的土壤相对来说较少，土层较薄，这样导致的结果是其地表土壤环境稳定性较差，生态环境较为脆弱，自然灾害容易发生。同时由于可溶性岩石地貌土壤肥力较低，对于农业的发展也有一定的影响。在自然作用的影响下这一地区容易形成崎岖的地表和多变的地形，这使得这里的地形更加复杂多变，对于农业、城镇交通的发展都具有一定的影响。但从另一方面说，喀斯特地貌独特的风景给这一地区提供了优秀的旅游资源，旅游产业可以带动当地的服务业的发展，因此它们是未来可以期待的发展动力。如重庆西部的武隆喀斯特地区，包括芙蓉洞、天生三桥、后坪冲蚀型天坑喀斯特系统，其优美秀丽的自然风光吸引了大量游客，它与云南石林、贵州荔波喀斯特一起，列入《世界遗产名录》，也是国内的5A景区。

（二）制度与体制的安排

农村产权制度的相对落后同样限制了这些贫困地区的发展。一是农村土地长期被排除在市场之外，作为农村核心资产的土地的价值得不到实现，影响了农村对于资本的吸引力以及未来发展的潜力。这使得农村的投融资能力大大减弱，在与其他发达地区的资本合作时一直处于劣势地位，是农村资源外流的制度性原因之一。二是农村土地资源长期闲置，集体共有的资源得不到开发，导致村民的收入减少，农村的财富缩水，限制了发展。

城乡的差别待遇是贫困村致贫的原因之一。一方面，城市作为发展的核心，许多重要的资源都向城市倾斜，如通过土地整治、复垦等手段节约出来的农村建设用地指标，主城区或者是中心地区占用了90%左右。另一方面，从整体上看，贫困地区农村社会保障制度统筹层次低、保障水平低的问题还没有得到根本改善，看病支出仍然是大多数家庭的重要支出项目之一，因病致贫、因病返贫的贫困户也大有人在，使得深度贫困乡镇反贫困政策的效力被较大程度降低。医保、社保、住房公积金等城市和农村差别化的政策待遇使得城乡在社会保障这一块的差距较大，乡村的公共服务水平低于城市。因此，城乡在政策安排上的差别待遇导致了乡村所得到的公共资源少、发展空间小，这是致贫政策制度性的原因之一。

（三）基础设施不健全

深度贫困乡镇经济发展水平较低、财政收入不足、边远地区政策支持不够等导致了贫困乡镇缺乏足够的资金资源投入到投资规模大、利润率低、回收周期长的基础设施建设之中，多数贫困乡镇基础设施并不健全。交通是阻碍深度贫困乡镇发展和农民增收的第一大阻碍，调研中有深度贫困乡镇中的一个贫困村处于大山深处，农户靠着种植药材生活，但由于公路不通，农户只能雇人用骡子将药材慢慢驮下山来售卖，每年雇骡子的驮运费便高达1万~2万元，最后落入自己手中的不过总收入的一半左右，而且山路崎岖难行，连骡子行走都十分危险，一旦骡子失足摔下山崖，还需要赔偿别人的骡子损失费用，几乎没有收入。此外，诸多乡镇身处大山深处，缺乏足够的通信基站，对外联系十分不便，调查中部分贫困乡镇在过去移动、联通、电信三大运营商的移动信号均不佳甚至没有，居民只能通过电话这一较为传统的方式与外界取得联系，通信效率较低，不利于内外部信息的交流，阻碍了贫困地区利用外部信息优化促进内部生产进而实现脱贫增收的进程。水电供应同样是部分乡镇基础设施建设上的短板，调查中有深度贫困乡镇的水厂由于规模小，水净化能力不足，随着集镇规模的扩大、生产生活用水的增加，经常出现短暂停水的现象，诸多深度贫困乡镇电力的供应也存在着供不应求的现象，这在很大程度上影响了贫困乡镇居民的生产生活。现阶段仍有少数贫困户未完成扶贫搬迁，还居住在偏远山区，这一部分贫困户的饮水多数是通过自己搭建原始的水管直接引用溪沟水，水的安全卫生得不到保障，也较易受干旱天气的影响；经常停电也使得他们较多利用明火来照明，很多贫困户房屋均由木质材料搭建，同时家中存放着大量备用柴火，存在失火隐患，山区山高林密也较易引发森林火灾，后果严重。

在医疗上，多数乡镇往往只有一所公立的乡镇卫生院，医疗设备水平有限，医护人员数量不足，难以满足深度贫困乡镇庞大的医疗需求。深度贫困乡镇贫困户大多从事重体力劳动工作，身体存在较大健康隐患，因而发病率极高且治疗较为困难，医疗供给的不足使得很多时候贫困户只能选择私人医生或者进城看病，加大了医疗负担。环境上，过去部分深度贫困乡镇缺乏生活垃圾回收系统和污水集中处理等，同时加上居民环保意识较差，导致生活垃圾和污水直接排入自然环境之中，环境的破坏在降低生活质量的同时也影响了渔业、旅游业等行业的发展，减少了居民收入；同时，农业中农药化肥的不合理使用也对环境带来较大影响，农业产量下降，农民收入降低，也对农民健康埋下隐患，增加医疗开支与负担。在教育上，个别深度贫困乡镇有小学和初中各一所，教育基础还较为完善，但多数深度贫困乡镇只有小学，教育水平和质量较低，学生辍学率较高，年轻劳动力教育水平不足降低了其学习新知识新技能的可能性，导致贫困代际传递的发生，带来贫困传递的巨大惯性。

（四）劳动力水平不足

深度贫困乡镇在劳动力总量、劳动力结构和劳动力质量上均存在显著的劣势。贫困地区由于产业稀少，工商业不发达，对劳动力的吸收能力有限，再加上工资微薄、收入有限，剩余劳动力大多数只能选择外出务工来谋取生计，导致贫困乡镇劳动力不断减少。长期以来，青壮年劳动力外出务工，在家的只有老年人与未成年人两大人群，外出务工已经成为了农村人摆脱贫困的共识。调查中多数贫困户均表示自己在年轻的时候均外出务工，或者家里有稍微年轻一点尚可以劳动的人都是常年在外务工,即使是在脱贫攻坚力度如此之大、扶贫政策大力扶持的大背景之下,依然很少有人觉得在家乡可以实现脱贫。一方面,诸多扶贫政策项目才实施不久,成效还不十分明显,无法给足人们信心;另一方面,也是更重要的多年来的深度贫困乡镇发展规律已经在人们心中根深蒂固,而要完全彻底地改变这种认知并非短短两三年的扶贫工作可以实现的,需要扶贫从"攻坚式"走进"常态化"后,在长期的努力之中才能最终改变。不止贫困户的一贯认知如此,少数扶贫干部也存在信心不足的问题,认为外出打工稳定和充足的收入来源远胜于在家务农收入,即使是种植了经济作物,增加的收入也较为有限,而且还存在着较大的自然风险。这种现象在山高地陡、土壤贫瘠的深度贫困乡镇更为普遍和严重。

此外,深度贫困乡镇劳动力普遍受教育程度较低,缺乏足够的知识技能,劳动力质量处于劣势。调查中发现,深度贫困乡镇留下来的人即使是青壮年,具备基本的劳动能力,但是很大一部分群体除了会传统社会的种植、编制农具等技能以外,几乎不具备现代社会工作所具备的其他技能。就算在农业种植上,随着时代的进步和农产品的改良,以及农药农肥的不断发展变化,他们从小掌握的那些种植技术很多时候也显得不合适宜。调查中就有地区由政府发放经济作物种子给贫困户种植,作物成熟收获后由专门的公司按照协议价格收购,理论上是可以让农户稳定取得无风险收益,但由于贫困户对种植技术学习不到位,未按科学方法种植,导致最终经济作物产量不佳,农民增收效益微薄,部分农户甚至收入还不如原来种植粮食作物。

(五)人口受教育水平不高

在深度贫困地区,一是人均受教育年限低,2012年仅为7.9年,比主城区低2.8年，比非重点县低1.2年。二是农村的青年劳动力文盲率较高，如2012年酉阳县文盲率为7.2%，而在部分贫困村情况更加严重，文盲及半文盲率大约占10%。三是总体受教育水平较低，在部分贫困村，小学文化水平及以下的人口占比为60%左右，并且在许多离开村子外出务工的劳动力中，掌握一定技能的劳动力占比仅为20%左右，知识和技能的缺乏成为了一种普遍现象。低文化水平的劳动力只能从事待遇较低的工作，而低收入工作往往意味着社会阶层低，能够获得的教育资源较少，反过来又导致受教育水平低，从而陷入一个贫困的循环。

贫困地区的各种观念和现实条件是限制人口受教育水平提高的障碍。一是在贫困地区，"养儿防老""重男轻女"等传统观念得到比较多的认可，地处偏远地区"计划生育"政策难以落实，因此导致了贫困家庭出现多子、超生等现象，在这些家庭中本就不多的资源还需要分配到多个子女身上，这就导致了贫困家庭对自己的后代在教育、健康等方面的投资少，这些后代得到的资源少，受教育水平低，从而导致了低龄的贫困人口数量逐年上升。如2006~2012年，武陵地区的某个集中连片贫困地区，20岁以下的贫困人口比例从30.5%上升到39.4%，提高了将近10%。二是贫困的现实条件以及对于教育的错误观念，使得贫困人口的文化水平难以提高。贫困地区义务教育的适龄人口辍学率高，在秦巴、武陵山区的贫困户中，小学的辍学率约为5%，而在初中则接近11%。在他们辍学的原因中，排名前3的是"对读书不感兴趣""离学校较远""家里缺乏劳动力"。从这些原因中，我们可以看到贫困地区受教育水平低的现实原因。一方面，在贫困家庭中，上学意味着家庭需要额外承担一个孩子在学校的费用，并且失去一个家庭中的劳动力，这对于这些家庭来说都是一种压力；另一方面，在贫困地区对于"读书"的误解，类似于"读书无用论"等观念在这一些地区较有市场。因为读书确实无法在短期内立即改变一个家庭的境况，并且是一项长期的投资，贫困地区家庭更希望家中适龄的青年人能够外出打工或者去劳动，立即为家里增加一份收入，减少负担。现实的困境使得贫困家庭以一种短视的观念对待读书，这也导致了贫困人口的低文化水平。教育本是阶级流动中最好、最公平的渠道，而低教育水平使得贫困人口失去了阶级晋升最重要的动力，贫困户难以摆脱贫困的循环，难以走出困境。

（六）既往秩序与文化的消解加重贫困负担

现阶段深度贫困乡镇老年人在家居多，这些高龄人群是现在扶贫攻坚的重要目标，而这部分群体的很大一部分的生活困窘与家庭关系具有莫大的关系。在调研中发现，老人们的下一代大多数外出打工挣钱，而老人孤独地在家中守候，父母与子女之间的感情较为淡漠，在众多老人口中得知子女在外往家里寄的钱也十分有限，往往不能满足老人们的日常生活开支，导致即使年老体弱还要出去做繁重的农活，艰苦的生活和繁重的劳作导致老人们极易生病，又是一笔巨大的开支，对本就不富裕的生活更是雪上加霜。甚至有部分子女都在外面买了房子，有了不错的工作，父母仍然住在深度贫困乡镇破旧的土墙房里，生活凄苦，这在女儿已经出嫁随丈夫生活的老人们家里更为常见。传统的孝文化在现实中似乎对人们的行为约束力有所减弱。一般来说，这种家里有一至两人在外务工，或者说子女已经买房的老人家庭，按照政策规定往往是不能成为贫困户享受很多扶贫政策的，而与他们生活水平相近的其他老人便成为了贫困户可以享受优惠政策，这也在一定程度上加剧了老人们的不满情绪。

此外，婚丧嫁娶随份子这些习俗也在一定程度上加大了贫困户的生活压力。一般来说，留守在农村的大多数的老人们，在过去的传统习俗中，每逢婚丧嫁娶互相随礼是加深邻里联系、增进亲情友谊的重要手段，但是随着时代的变化，这个"礼"已经不再是一口米、几把面可以解决的了，不熟悉的人一次两三百，亲戚一般一次高达四五百。当随礼与金钱利益挂钩，也就失去了原本的意义和作用，反而会加剧邻里矛盾，但是老人们的思想早已根深蒂固，不送礼怕被孤立，于是大家争相举办各种宴席以达到敛财的目的。随着时代的变迁，大多数农户住房都已经经过了搬迁，人们的住房渐渐显得分散和相距较远，有些村就只剩下一两户人家仍然在原来的地址，避免了低头不见抬头见的尴尬，更加使得大操大办没有了后顾之忧。即使不愿意办的人看着别人经常办而自己不断送钱，为了收回自己交出去的钱也只有无奈加入进去。调查中有一户称自己每年在外收入达到两三万，可是自己每年份子钱就要送出去一两万，份子钱支出竟然高达其家庭收入的一半以上。

传统美德渐渐式微，文明乡风不断衰落，农村也不再是一片祥和与互助，父母对儿女不能好好供养自己颇多怨念，对亲戚邻里也是较多猜忌，诸多矛盾也若隐若现，给扶贫推进尤其是精神文化扶贫和文明乡风的建设带来了巨大的挑战。

第三节　深度贫困乡镇扶贫难点

（一）贫困人口愈发分散

随着扶贫进程不断加快和向纵深推进，大规模的贫困和集中连片式的贫困状况以基本得到了控制，现阶段的贫困主要是单户式的贫困。深度贫困乡镇下的诸多贫困村大多分布在偏远崎岖的山区，而这些山村农户经过改革开放后多年的变迁，很多都通过自己的努力搬离了老家的土墙屋，或是去城里定居，或是在山下地理位置较好的地方新修了房屋，因而至今仍在山上居住的农户原本就较少，且是单家独户分布在各种崎岖偏远的地方，彼此之间相距较远且没有什么紧密联系，很多甚至是素不相识。由于贫困人口越来越分散，这使得传统的整乡推进、整村推进的扶贫模式脱贫效率较低，因为这些分布分散、位于偏远山区的贫困群体很难从为大多数贫困人口设计的整村、整乡脱贫模式中受益。调查中有一户老人表示村里的扶贫产业都在山下平地，距离其住宅太远，崎岖的路途加上年迈的身体使得他根本不可能到下面打工。而且，在贫困人口大幅减少的同时，剩余的都是贫困程度比较深的、家庭情况比较复杂的贫困户，扶贫难度更大。可见扶贫对象的分散性和复杂性，对当下重庆深度贫困乡镇的扶贫工作提出了更加艰巨的要求，也使得既有的诸多扶贫政策和措施在操作之中更加困难，精准扶贫从对象精准到需求精准已经成为现实需求，也是扶贫攻坚进入决战时期的必胜关键之一。

（二）政府主导的扶贫缺点显露

我国原有的扶贫体制是粗放型的扶贫模式，以中央的扶贫政策制定为核心，各级地方政府进行落实，各部门层级间执行上级对下级的监督管理体制，本质上这套体制主要是由政府领导并执行的。这种传统扶贫机制的针对性不强，比如产业扶贫和整村推进等项目更多的是在"扶农"而不是"扶贫"，"扶村"而不是"扶户"。原有的扶贫模式相对而言执行效率更高、更加经济，节省了很多政府与其他组织沟通的成本，但是政府领导的单一扶贫模式容易导致扶贫的权责界限模糊，形成过度干预，与当前倡导的精准扶贫模式形成冲突，也容易导致扶贫模式僵化。

首先，"一户一策"的精准帮扶方式与政府主导的扶贫模式很容易形成冲突。精准扶贫需要做到精准识别、精准帮扶。目前我国经过几次贫困户识别工作,精准识别已经完成,但如何根据每个贫困户的实际情况制定精准的帮扶措施却缺乏行之有效的办法。在政府大包大揽的扶贫模式下,"一户一策"的制定者必然是政府部门,但政府专职扶贫的工作人员有限,无法为每个贫困家庭设计"一户一策"。而乡镇干部、驻村工作组和贫困户帮扶干部在短时间内很难完全掌握每个贫困家庭的真实情况、每位贫困人口的特点和能力,也缺乏足够的产业发展的技术知识、市场营销知识等,难以实现"一户一策"。此外,乡镇干部、帮扶干部不是专职扶贫,还需要从事本职工作,特别是后者能够真正用于扶贫的时间是极为有限的。深度贫困乡镇贫困程度深,自然条件差,经济基础弱,产业发展困难,传统帮扶措施对于深度贫困乡镇贫困人口脱贫效果不理想,实现"一户一策"需要投入更多的智力资源。显然,深度贫困乡镇完全依赖政府部门去实现"一户一策"既不现实,也不可能。

其次,政府主导的扶贫模式往往导致扶贫项目过于僵硬,缺乏灵活性。当前政府主导的扶贫模式下,由政府各部门安排贫困村的各类扶贫项目,包括基础设施建设、住房建设、农田水利设施建设等,由于财政资金从拨付到使用环节多,为了监管资金的使用,往往对项目资金使用制定了非常严格的标准,对项目内容制定了统一的规范。但是由于每个贫困村实际情况不同,每个贫困户的实际情况也千差万别,相同的项目内容与相异的贫困村、贫困户之间难免存在不匹配的情况。扶贫项目过于僵硬极易造成扶贫资金效率低下,浪费扶贫资金。

(三)部分地区与群体发展潜力不足

深度贫困乡镇地处山区,面积大多较为广大,下辖诸多行政村或村民小组,经过多年来的大力度扶贫举措的推进,一些发展条件较好、政策作用有力的行政村或村民小组已经取得了不错的发展和脱贫成绩。但与之相对应的是那些身处大山深处的乡村，人烟稀少，发展条件极其欠缺，传统的产业扶贫等手段在此根本无法实行，劳动力数量不足与质量不高，基础设施不健全，与外界无法联系，产业的发展无法与外部市场取得便捷的联系，注定会走向失败。如果为其修建专门的道路交通等基础设施以便于其发展相关产业并积极融入外部市场，在经济上极不划算且地方政府财政也无法负担。如果进行整村搬迁，通过改善外部条件激发其未来的长远发展动力与潜力，又存在一些问题。由于村里大多数人世世代代都生存在这些地方，主观上是想落叶归根而不想搬离；客观上来说，就算是政府主持进行的扶贫搬迁，也不是由政府承担搬迁的所有费用，农户依然需要承担不小的一笔费用，这笔费用又会进一步使得贫困户在短期内加重贫困程度。就地发展与扶贫搬迁均存在不少矛盾，难以根本克服。

深度贫困乡镇发展的最大症结仍然在发展主体，即贫困群体。深度贫困乡镇之中存在着大量缺乏发展能力与潜力的群体，对于这部分群体传统的以激发其自身发展能力、实现自主脱贫的扶贫模式失去了效用与价值，但若只进行"输血式"的扶贫，无论是从政府财力还是社会公平的角度来讲都存在一定的问题。深度贫困乡镇存在大量老年群体，一方面他们年老体弱导致劳动能力较低甚至丧失劳动能力，另一方面他们从小到大都生存在这个地方，所掌握的生存技能已经不适应时代的变化，加上年龄过大已经很难再学习新的生存技能。调研中大部分在山中的老年人都是这样，甚至有夫妻一个已经几乎完全瘫倒在床，另一个靠农活勉强度日。

除年龄因素，重大疾病也是发展主体丧失发展能力的重要致因，农村地区，尤其是贫困地区，大多数群体从小到大都做着许多重体力劳动，加上不健康的生活习惯，重大疾病发病率较高，其中心脑血管疾病、糖尿病、肠胃疾病、肝肾疾病较多，且难以治愈，调研中有不少对象因为重大疾病手术后不能再从事重体力劳动而赋闲在家。这部分群体发展内生动力几乎无法激发,如何实现这部分人的长效脱贫是扶贫中较为困难的挑战。

(四) 脱贫意识与动力不足

现阶段仍然存在诸多的贫困户内生发展动力不足的现象,主要表现在对扶贫工作的参与度不够、对扶贫措施的认识存在偏差等方面。经过多年的扶贫攻坚工作的宣传与纠正,现在贫困户已经很少期望政府直接给钱来帮助自己改善生活了,"等、靠、要"思想得到了较好的遏制。但是随着建卡贫困户这一政策的出台,与低保户、五保户存在着鲜明的对比,很多农户并不想成为建卡贫困户,而更想成为五保户、低保户,因为低保户、五保户每个月都有固定的补助,即使数量不多也可以改善家庭收入情况;而建卡贫困户是没有固定的补助收入的,更多的只是一些立足于激发贫困户长期发展动力的优惠政策,而这些优惠政策获得的前提往往是需要农户自己进行相关的劳动,从事相关的事业。两相对比,贫困户往往会选择直接带来收入的低保户、五保户资格,而不是有利于其长期发展的建卡贫困户资格。这背后其本质是贫困户没有认识到政策初衷并很好地去运用它。农户对政策缺乏科学的认知,阻碍了其从国家政策中获得该有的脱贫帮助。与此同时,农户对多样化政策了解不够,也在一定上阻碍了其积极投身脱贫攻坚工作,这就需要通过广大扶贫干部、帮扶责任人对应机制措施共同协力将政策很好地传达给贫困户,让政策起到该起的作用,增加贫困户脱贫的信心和积极性。

同时,由于诸多贫困户受教育程度不高、信息较为闭塞,因而见识有限,难以跟上经济社会发展的步伐。调查中,有扶贫干部反映,镇里多次组织贫困户到外面去学习相关的种养技能,好让他们回来科学地种植农作物和养殖牲畜,起初一两次还有农户愿意前往学习,可是由于学习效果可能不明显或者说在短期内无法实现,很多农户便失去了耐心，不再愿意学习，现在即使是挨家挨户打电话或者上门拉人都很少有人去学习；即使有的人一开始答应去了，可是往往到了要出发了又反悔不去了，因为农户觉得浪费几天去学习还不如在家里多照看一下庄稼，或者在家看一下孩子。贫困农户缺乏主动参与的意识与动力使得即使存在脱贫机会，由于没有足够的意愿、技能和资本，也无法抓住，最终只能使得贫困循环往复。

（五）发展动力延续能力不足

现阶段的扶贫主要还是政府主导的扶贫，政府在扶贫之中为贫困户解决了诸多的困难，使得贫困地区可以很轻易地获得市场和收入来源。调研中大多数乡镇政府都鼓励农户将原来种植的粮食作物换成可以带来更高收益的药材等经济作物，由政府或者与政府合作的公司提供种子和种植技术，农户进行具体的栽培种植，到作物成熟了以后由政府选定的公司按照当初与农户签订的协议价格进行收购。这种措施不仅使农户进入了外部广阔的市场，同时协议价格也让农户避免了受市场风险的影响，连自然意外等因素造成的损失政府也为农户上了保险，可谓是保护十分周到齐全。问题在于，政府过多地干预了市场的选择机制，农户自身并没有和外部市场建立起稳定的联系，一旦政府这个稳定和强有力的中介消失，农户还能否继续将自己的产品销售到外部市场，这将直接影响其能否可持续发展而不会返贫。但由于农户的种植技术不佳等因素，其产出产品极有可能不再满足外部市场需要，发展无法有效延续。

不仅贫困户掌握市场机会不足，在贫困户能力提升上仍然十分欠缺。长期以来，深度贫困乡镇教育投入不足，教育质量偏低，贫困户大多数受教育程度偏低。较低的人力资本水平使得贫困户很难从传统的农牧业生产转移到其他产业，由于传统农牧业发展条件较差，将直接导致增收困难。人力资本水平低也直接降低了新技能培训学习的效果，很多农户实际上并未很好地掌握新作物的种植技术，或者新产业发展所需要的劳动技能，增加了产业转移升级的难度。同时，长期、大力度的政府主导的扶贫模式在取得一定成果的同时也滋生了一部分贫困户的懒惰意识，觉得自己只有处于贫困状态才能获得更多的利益，自主脱贫意识严重不足，使得脱贫成效难以长期维持。

第四章 扶贫之策：重庆深度扶贫实践

第一节 优化贫困乡镇基础设施

基础设施的条件差是这18个贫困乡镇发展的限制之一，这些乡镇中存在着交通条件差、居民用水用电困难、住房条件差、社会医疗机构配套不全、网络覆盖率不高等基础设施建设方面的问题，这些问题影响着乡镇的经济发展情况和居民生活条件的改善，是贫困乡脱贫的难题之一，同时也是各贫困地区脱贫的一个难题。近年来，随着各级政府针对基础设施问题的一系列政策的出台和落实，这些贫困地区的基础设施条件有了一定程度上的改善。在本节中着重介绍重庆市在建设贫困乡镇交通、水利、电力、网络、人居环境等方面的主要扶贫举措。

（一）推行易地搬迁

易地扶贫是解决基础设施问题的手段之一，尤其是在重庆贫困地区的特殊地理环境下。重庆部分贫困地区位于秦巴山区和武陵山区，地形复杂、海拔高等地理原因使得这些地区相对闭塞，与外界交流少，发展滞后，各方面条件落后于其他地区，因此地理条件是这些地区致贫的重要原因。直接改变自然环境、进行大规模的改造不太现实。一方面由于地理条件复杂，不少贫困村都处于山高路远、生存条件恶劣的环境，这意味着"直接改造"需要投入相当大的成本，并且可能效率低下，对于各级政府的财政而言都是挑战；另一方面，这些地理环境恶劣、生活条件差的地区可能是生态恢复能力薄弱的地区或是生态保护区，如果对这些地区进行直接改造，很可能给当地的生态环境带来破坏，为未来的发展埋下隐患。因此，在这两方面因素的考量下，就地进行基础设施的改造并不是一个好的选择，易地扶贫应是一个较好的选择。

易地扶贫最直接的作用就是让这些贫困地区的居民摆脱了荒山僻壤的环境限制，解决了脱贫的一大困难。加上易地扶贫政策中配套的一系列帮助移民安置就业的措施，使得贫困户能够摆脱原先的致贫因素，并且在政府的帮助和支持下在新的环境中能够有新的收入渠道，解决贫困问题。

重庆市易地扶贫的政策与措施已有先例，如万州区就是一个非常典型的例子。针对本区的分布位置偏远、气候恶劣、交通条件差的贫困人口，万州区政府开展区高山生态扶贫搬迁工作。具体来说，扶贫搬迁政策针对的是四类对象：一是居住在自然条件极为恶劣、生活极为不便、难以开展生产活动地区的居民；二是居住在重要生态保护区、生态修复区的居民；三是居住在交通条件极差且难以改善的地区的居民；四是居住在自然灾害频发、治理成本高的地区的居民。四类对象都存在着就地扶贫工作的困难，环境恶劣、基础设施条件非常差、改造成本高和难度大等问题，因此易地扶贫是更好的选择，既能够避开地理环境的限制，又可以通过搬迁为贫困户提供新的发展机会。

除了易地扶贫对象外，万州区政府对于贫困户的安置方式也有具体的安排。一是梯度转移安置，即对继续从事农业生产的搬迁对象,实行高海拔向低海拔搬迁、距离中心城镇远的村民向近处搬迁的原则,相对集中安置。梯度转移安置实行属地安置原则,尽可能在本镇乡街道、本行政村范围内安置。搬迁对象享有与迁入地原住民同等政治、经济待遇。对跨区域安置的,迁入地集体经济组织可以通过调剂、流转等方式为其解决适当的耕地。这一原则最大程度地保障了易地后贫困户的权益,也为他们的转移提供了便利,同时也减少了政府的相应支出成本。二是旅游服务业安置,引导有条件、自愿从事旅游服务业的搬迁对象向景区周边或乡村旅游规划区迁移,搬迁对象享受扶持旅游服务业的有关优惠政策。这一政策既可以利用旅游业促进贫困户增加收入而脱贫,还可以扶持旅游业的发展,为其提供一定的劳动力资源。三是转户进城进集镇安置,鼓励进城市、集镇务工有稳定收入来源的高山生态扶贫搬迁对象,举家转户进城、进集镇安置,并且在2013年1月1日后转户进城进集镇的搬迁对象除享受高山生态扶贫搬迁政策外,还享受农民工户籍制度改革政策。四是"五保"集中供养安置,属于农村"五保"的,即无劳动能力、无生活来源等条件差的对象,根据本人意愿和属地管理原则,由当地政府集中安置和供养,保障社会弱势群体的权益。五是其他安置方式。搬迁对象自愿投亲靠友安置、自行联系跨行政区域易地安置、自行采取其他方式安置的,迁出地和迁入地政府给予一定的支持。对于这些搬迁对象,万州区政府在政策中配套了资金补偿措施,对于搬迁对象中的在册低保户和分散安置的搬迁农户,按8000元/人补助到个人,对进入规划的农村集中安置点安置的农户,按6000元/人补助到个人。❶

以上政策安排通过资金支持、政府接纳、政策保护等方式在最大程度上鼓励贫困户进行搬迁,摆脱原先的困难环境,使得下一步

---

❶ 忠县人民政府关于加快推进高山生态扶贫搬迁工作的意见. 重庆市忠县人民政府,2013-04-03.

的扶贫计划得以开展。进而万州区政府对于这些贫困户搬迁后同样给予了政策的保障,致力于下一阶段的扶贫工作。一是支持集中安置点基础设施建设。按照"统一规划、集中使用、渠道不乱、用途不变、各负其责"的原则,整合对口支援,水利、交通、国土整治、农业综合开发、生态建设等资金对规划的集中安置点的水、路、电、气、通信、排污、文化、体育等基础设施进行重点支持,并对集中安置点用电、用水、用气和电视安装收费予以优惠。这一政策保障了基础设施的建设与运行,给贫困居民提供了一个基础保障。二是扶持安置点后期产业发展。坚持以"稳得住、能致富"为高山生态扶贫搬迁工作的着力点,切实加大后续产业发展扶持力度和技能培训。农业、林业、扶贫、旅游等部门加大特色产业资金投入,引导龙头企业参与,帮助安置区打造优质蔬菜、特色水果、特色畜禽、优质烟草、乡村旅游等特色效益产业,实现特色产业对搬迁户的全覆盖。同时,农业、人力社保、教育、扶贫等部门加强对搬迁居民的技能培训,给贫困户提供更多的增加收入的渠道,使其摆脱贫困。三是推行农村建设用地复垦项目备案融资。推动农村土地资产化改革,实行农村建设用地复垦项目备案融资,实施高山生态扶贫搬迁建设用地复垦,保障搬迁居民的土地权益。并且土地资本化有助于农村吸收外来资本,为村民增加收入。四是支持自主购房,搬迁对象在万州区行政区域内自行购买建筑面积低于 90 平方米、交易价格低于当地市场均价的首套住房进行安置的,凭所在镇乡街道出具的高山生态扶贫搬迁身份认定证明和购房手续免交房屋交易契税。通过以上的四项举措,贫困户在搬迁后能够得到更多脱贫的机会,基础设施有了一定的保障,并且还有相应的产业、教育等配套的社会福利政策给予倾斜,政府在政策上最大程度地帮助贫困户脱贫。❶

---

❶ 忠县人民政府关于加快推进高山生态扶贫搬迁工作的意见.重庆市忠县人民政府,2013 – 04 – 03.

在高山生态扶贫搬迁的一系列政策安排下，万州区因地理环境而致贫的人口已大大降低，从2013年起在政府高山生态扶贫搬迁计划安排下，每年都有数千贫困人口进行了搬迁。2017年万州区易地搬迁扶贫近4000人；"十三五"期间，全区计划搬迁建卡贫困人口9716人。在政策的安排下，这些贫困户走出了深山，一方面他们的基础设施条件有了很大的改善，生活有了保障；另一方面，在新的环境中他们也得到了新的发展机会，为脱贫增添了更多希望。

重庆市高山生态扶贫搬迁政策已经遍及各个贫困地区，如巫山县人民政府针对本县内基础条件难以完善、建设投资大且效益不好、居住在重要生态修复保护区或是退耕还林区域的居民，在2013年开展相似的生态扶贫搬迁工作，计划2013—2017年，全县完成生态扶贫搬迁3.5万人。忠县人民政府在2016年开展"十三五"高山生态扶贫搬迁易地扶贫工作，计划在"十三五"时期该县实现4600名农村建卡贫困人口搬迁。

从以上几个县区的例子来看，在重庆贫困地区易地搬迁尤其是高山扶贫搬迁政策是解决贫困人口脱贫的重要手段之一。

（二）改善交通条件

交通条件是基础设施问题中非常重要的部分，改善各贫困地区的道路、公共交通方面的困难，是扶贫的重要一步。贫困地区由于道路不畅等交通问题而制约其发展的情况十分常见，缺乏基本、稳定的交通设施使得乡镇中各资源、要素的运转受到限制，与乡镇之外的交流不通畅，导致经济发展、居民生活受到影响。许多贫困地区基本的水泥道路都没有，偏远的贫困村情况更加严重，"泥巴道路"是这些贫困村的常态，天气不佳时出行都成了问题。因此，解决交通这一基础设施的问题既是发展贫困乡经济的前提，也是人民生活的基本保障。

重庆市各区政府对基础设施进行了相当大的投入，近年来，各贫困乡镇的道路情况已有所好转。各贫困地区政府加大资金的投入，一方面主要用于乡镇中关系民生的乡道，以改善人民的生活水平；另一方面完善乡镇与外界交流的公路，促进与外界各方面的交流，推动贫困地区经济情况的改善。

如黔江区金溪镇加大对贫困地区基础设施的投入。黔江区金溪镇是重庆市18个深度贫困乡镇之一，原先的金溪镇属典型的老、少、边、穷地区，平均海拔800米，以山地、深丘居多，交通等基础设施落后。在新一轮脱贫攻坚启动后，金溪镇投入资金4200多万元，一是解决村里交通问题，硬化村道27条、60.04公里，实现了贫困村道路100%通畅；二是新建村道30条、50.85公里，各村民小组通达率达100%；三是硬化人行便道17条、52公里，新建便民桥50座、公路桥9座、公路护栏31公里。得益于道路基础设施的改良，在硬化道路通到各村民家门口后，县内的各种产业起步，陆续发展起了猕猴桃、蚕桑、脆红李、羊肚菌、蔬菜等产业，并且开始有了更广的销路和市场，形成稳定的产业，推动金溪镇经济发展的脚步。

丰都县启动交通扶贫，多渠道筹措整合资金33.5亿元，加快推进交通扶贫基础设施建设。截至2017年，累计建设贫困村通畅公路1142公里，通达公路77公里，扶贫道路1314公里，"以工代赈"道路72公里，"一事一议"道路162公里，库周交通道路67公里，国土整治道路151公里，移民道路388公里，林区路119公里，烟草路391公里，人行便道2200公里，其中2015—2016年建设完成贫困村通畅及通达公路2902公里，建设贫困村道路平均达30.5公里，全县贫困村通畅率实现100%，社道公路通达率实现70%以上。还建设完成"1+6+X"产业道路3301公里。这些道路的修建为丰都县的经济发展提供了保障，使这些贫困地区实现了"大车进村、小车入户、地头销售"，有力促进了产业快速发展，提高了贫困农户收入水平，为脱贫越线奠定了坚实基础。

　　修路是贫困地区人民生活的基本保障，完善道路这一基础设施是扶贫工作中首要的一环。在各贫困乡镇还有许多例子，如秦巴山区深处的奉节县平安乡，是重庆18个贫困乡之一，该乡的贫穷，交通不便是"罪魁祸首"，村民出行到镇上就需要走10公里的山路和土路，来回一趟需要花上一整天的时间。为此，县政府拨款400多万元，新修了从梅溪河上山的3.8公里水泥路，并把到乡场的公路一并硬化，还在梅溪河上架一座公路桥，在2018年实现通车，大大方便了近3000名村民的出行。所有道路修通时，再到镇上只需半小时，使人民生活水平的不断提高有了可靠的保障。同样的措施在其他贫困乡也有体现，如城口鸡鸣乡政府整合资金600余万元，解决当地山高坡陡、高寒深石等道路建设问题，计划建设一条长度约10公里的公路，旨在优化鸡鸣乡的交通条件，为鸡鸣乡药材等产业的发展提供保障。

　　在重庆各贫困地区的经验中可以看出，交通基础设施的改善是贫困地区脱贫的前提，有了良好的道路条件就能够实现当地产业的成型、稳定，推动当地的经济发展，保障人民生活水平的不断提高。

（三）完善医疗设施

　　由于因病致贫的人口在贫困人口中的比例逐年增加，医疗设施和机构的保障是贫困地区脱贫的关键。重大疾病给家庭带来了非常沉重的负担，在贫困地区更是如此，一方面疾病使得家中的可用劳动力减少，本就不多的收入来源降低；另一方面，治疗所带来的高额费用使得这些家庭难以承担，要么花光家中积蓄，借钱负债，导致家庭返贫；要么选择放弃治疗，任由病情发展，最后造成悲剧。因此，社会医疗保障措施是扶贫的重要一环，它既能保障居民的生命健康，又能在治疗疾病的过程中提供一定的经济补助，减轻居民的经济压力，居民不至于陷入因病"一夜致贫"的境地，贫困户也不会因为疾病而难以脱贫。贫困地区的医疗、卫生基础设施落后，贫困乡镇的医疗服务点少，往往数公里内都没有一个卫生站，贫困户看病困难，缺少基本的医疗设施保障；并且贫困地区的基本卫生情况往往较差，厕所的普及率较低，饮水水源安全也存在一些问题，使得疾病成为致贫的重要隐患。而在重庆贫困人口中，因为疾病而导致贫困的群体相当大。重庆市 18 个深度贫困乡镇有建档立卡贫困户 5.07 万人，其中因病致贫、因病返贫贫困户约占一半，因病致贫、因病返贫成为脱贫攻坚的短板之一。❶

2017 年，重庆市政府针对贫困地区的医疗保障基础设施薄弱的现状，制定了一系列的政策和措施，加强深度贫困乡镇健康扶贫工作。

遵照市政府政策安排，市卫健委制定了完善卫生基础设施设备、加强人才队伍建设、深化对口帮扶、提高医疗保障水平、做好医疗卫生服务、强化公共卫生服务 6 大类具体措施。一是完善卫生基础设施设备。重点是按照乡镇卫生院、村卫生室标准化建设要求，对乡镇医疗机构进行查漏补缺，完善基础设施，为每个乡镇配备 1 台救护车，完善乡镇卫生院中医馆等中医综合服务区建设等内容，解决偏远贫困地区缺少医疗设施和机构的问题，保障贫困户基本的就医问题。二是加强人才队伍建设。从 2018 年起，为深度贫困乡镇每年提供 30 名紧缺人才考核招聘岗位，提供 20 个属地专科生考核招聘岗位，并提供必要的学习生活补助，连续实施 3 年。每年开展"城市优质医疗资源下基层"等系列培训，实现深度贫困乡镇卫生专业技术人员培训全覆盖；同时在中医传帮带、职称评审等方面给予倾斜。三是深化对口帮扶。主要通过区县域内医疗机构之间建设医

---

❶ 重庆农村建档立卡贫困人口到 2020 年人人享有医疗保障 [N]. 南方农业，2018 - 01 - 05.

共体,开展"二级以上医疗卫生机构对口支援乡镇卫生院"、优秀基层医疗卫生机构组团帮扶和鲁渝健康扶贫协作等项目,从人才、技术、学科建设、医院管理等方面,提升深度贫困乡镇医疗机构医疗服务质量和水平。四是提高医疗保障水平。通过深入实施健康扶贫工程,抓好大病集中救治一批、慢病签约服务一批、重病兜底保障一批的"三个一批"行动,做好慢病签约服务健康管理,分类资助农村贫困人口参加基本医保,完善商业补充保险,对农村贫困人口采取特殊保障等措施,确保实现下述指标,即区县域内就诊率达到90%,农村贫困人口家庭医生签约服务管理率达到100%,农村贫困人口住院医疗费用个人自付比例控制在10%以内,门诊医疗费用个人自付比例控制在20%以内,减少贫困人口因疾病而带来的经济负担。五是做好医疗卫生服务。通过实施"光明扶贫工程"、开展巡回义诊、实施卫生适宜技术推广项目、对贫困患者住院实行"一站式"结算和"先诊疗、后付费"等措施,增强贫困患者的获得感。六是强化公共卫生服务。主要包括支持各深度贫困乡镇创建卫生城镇,为每个乡镇打造 1 个卫生村,以及实施精神卫生、慢病防控、健康促进和免疫接种等系列措施,到 2020 年实现集中式供水工程水质卫生监测覆盖率 100%,卫生厕所普及率达 75%。❶

在资金保障方面,将投入健康扶贫专项补助资金 2000 多万元,综合各深度贫困乡镇常住人口数量、贫困人口数量、医疗卫生条件等因素,分配相应补助经费,重点用于各乡镇卫生院和村卫生室完善基础设施设备。从 2018 年起,市卫生计生委在人才培养、信息化建设、区域卫生规划、扶贫类示范点建设、医联体建设等方面,还将优先向深度贫困乡镇倾斜。

2018 年,重庆市政府构建一系列健康扶贫机制,着力构建防止因病致贫返贫长效机制,推进健康扶贫机制的实现。如构建"四叠

---

❶ 助 18 个深度贫困乡镇全面解决就医难[N]. 重庆商报,2017-12-27.

加"医疗救助机制：一是基本医保；二是医疗保险提标降线，贫困人口基本医保和大病保险报销起付线降低50%，报销比例提高10%，20万元以内的大病保险报销比例提高到50%；三是民政救助保重扶特，因病致贫家庭全部纳入重特大病救助、应急临时救助和慈善救助；四是扶贫基金专项救助，由扶贫部门牵头，联合卫健委、财政、民政、人力社保等部门，设立4亿元区县健康扶贫医疗基金，对贫困人口经普惠性医疗保障政策报销后承担大额医疗费用。四项措施共同保障贫困户的生命健康，以及在疾病治疗过程中的经济负担，降低因病致贫、返贫发生率。

在一系列政策的帮助下，全市乡镇卫生院和行政村卫生室标准化建设已完成，标准化率达100%，村卫生室标准化建设基本完成。因病致贫户从2014年建档立卡时的17.4万户减少到2017年年底的3.8万户，贫困人口实际医疗负担降低到15%。重庆贫困地区的医疗基础设施得到了改善，不仅保障了贫困地区居民的健康，同时也消除了脱贫道路上的重大障碍。

（四）优化水电网络设施

针对贫困地区电力、水利、网络等方面的基础设施薄弱的问题，各级政府推行了一系列政策，推动这些基础设施的建设和发展。各贫困地区政府针对自身薄弱的基础设施推行了一系列的具体政策与措施，完善本地的基础设施，推动脱贫政策的落实。

在网络基础设施方面，城口县人民政府针对贫困乡的网络发展问题，在2018年启动网络扶贫试点工作，实施网络覆盖工程。一是加快信息基础设施建设，新建光纤线路600皮长公里，新增光纤宽带用户1500户，县城50M网络覆盖率达到90%，农村20M覆盖率达到70%，平均接入速率不低于4M/s。加快实施通信网络普及，新建以4G为主通信基站300个，实现全县所有乡镇、村宽带网络和4G网络全覆盖。二是推进整合推广大数据智能化应用平台，充分利用校园综合监控、阳光警务系统、电梯卫士、车务通、惠农终端和司法矫正系统等网络信息工程，通过报刊、媒体以及收费窗口粘贴二维码等方式，加强支付宝"城市服务城口站"的宣传运用，加快实现社区服务信息、涉农信息、公益服务信息推送全覆盖。三是精准减免贫困户的网络通信资费，鼓励运营商为贫困户购买智能手机等予以补贴，基本实现全县贫困家庭移动智能终端全覆盖。通过以上措施，最大程度地推动贫困乡的网络覆盖与互联网工具在日常生活中的应用和普及，改善居民的生活质量，并且借助着网络的普及推动当地经济的发展，开展如农村电商一类的产业，鼓励电商平台为城口开设扶贫频道，加快农产品产销体系建设，开设特色农产品网上销售平台，实现农产品订单生产，推动当地经济发展。

在电力基础设施方面，重庆市政府为了解决深度贫困地区用电难、电力资源得不到保障的问题，成立了电力扶贫工作站，通过与当地贫困户一对一结对帮扶，有针对性地解决脱贫攻坚中用电难等相关问题。在基础设施方面，工作站开展低电压治理、高海拔学校取暖、配电网改造及杆线搬迁等工作，有针对性地提高上述贫困地区群众生产及生活用电质量。并且各工作站多方筹资，建设小型光伏发电站，捐赠给对口扶贫的学校，上网电费收入作为扶贫资金支助贫困学生。在关爱孤寡老人和留守儿童方面，工作站将免费维护其室内线路和安全隐患排查整治，帮助办理"10度电"减免手续，并依托国家电网红岩青年志愿者服务队对留守儿童进行帮扶，保障贫困人口的用电。

在水利基础设施方面，巫山县开展水利扶贫"八大工程"，保障贫困地区居民的用水、水源安全等问题，保护自然生态环境，并且通过水利基础设施的完善发展乡镇中的渔业、种植业等产业，进一步推动扶贫政策的落实。在具体措施上，一是实施农村饮水安全巩固提升工程。修建饮水安全工程1079处,解决201.1万人饮水问题,全县基本实现安全饮水全覆盖。二是山坪塘整治工程。整治病险山坪塘605口,新增蓄水能力105.7万立方米,新增灌面2.78万亩,恢复灌面1.63万亩。三是完善农田水利设施建设项目。整治水利工程217处,新修整治沟渠16.86公里,新增蓄水能力113.18万立方米,新增改善灌面1.06万亩。四是水土保持项目。实施国家水土保持重点项目开峡小流域治理及2017年石漠化综合治理水土保持项目,治理水土流失面积20.1平方公里。一系列水利基础设施的完善基本上保障了贫困地区居民的用水,并且为这些乡镇进一步发展渔业等其他产业提供了基础,既解决了生活问题,又推动了相关产业的发展。

各级政府针对贫困地区薄弱的基础设施制定与推行了一系列的政策和措施,推进贫困乡基础设施的完善,保障贫困户基本的生活水平,并且为贫困地区的经济发展奠定基础。

总的来说,重庆市各级政府针对贫困地区的基础设施提出了一系列的政策帮扶,并且取得了较好的效果,在新一轮的扶贫工作中有相当多的贫困乡镇因为基础设施的完善而走出了贫困。如今重庆市18个重点贫困乡中,基础设施的完善也在逐步推进。对于扶贫来说具有重大意义:一方面,基础设施的完善解决了贫困户基本的生活问题;另一方面,基础设施的完善能够带动当地经济的发展,带来更多的创收机会,促进贫困地区脱贫。

第二节 构建多维深度扶贫体系

在优化贫困乡镇基础设施的前提下,为了贯彻精准扶贫的时代思想,有力助推度过决胜脱贫攻坚战,重庆市高度重视深度贫困群体和地区分布。在习近平关于深度扶贫的重要讲话精神的引导下，重庆市"聚扶贫之力，施扶贫之为"，促进社会参与和区域联合，逐步构建产业扶贫、生态扶贫、医疗扶贫、教育扶贫、社会保障有机统一的多维深度扶贫体系。

（一）聚扶贫之力

全面完成脱贫攻坚工作，离不开扶贫主体共同的艰苦奋斗，扶贫主体是脱贫攻坚的中流砥柱。重庆市动员社会力量积极参与脱贫攻坚，协调水利部、东西协作、渝中区、市教委扶贫集团、市农委扶贫集团社会扶贫捐赠资金7190万元，以巩固脱贫成果。聚扶贫之力，实则通过扩大深度扶贫的主体范围增添扶贫力量来源，重庆市通过社会参与和区域联合两大路径凝聚了攻坚之力。

1. 社会参与

随着中国特色社会主义制度的发展、政府职责的调整，扶贫工作不再简单地是国家之责、政府工作之要，更是中国社会和谐发展、全面发展的共同任务。因此，重庆市大力加强深度扶贫工作，领导号召、鼓励社会公民、社会组织、社会企业等多种社会主体参与到深度扶贫的工作中，为深度扶贫攻坚提供多元的力量源泉。

社会参与的多元主体中仍然以政府领导部门为核心，重庆市针对深度扶贫组建了坚实的领导班子，专门组建深度贫困乡镇、村脱贫攻坚工作指挥部，由县、乡镇、村三级领导干部共同组成，形成"市管领导挂帅＋县级帮扶部门主要负责人＋乡镇党政主要负责人＋村'两委'负责人＋驻村工作队第一书记（队长）"的指挥体系。深度贫困乡镇、村脱贫攻坚工作在县扶贫开发领导小组统筹指导下开展工作。领导小组办公室明确3名厅级领导负责，抽调25名工作人员，组建深度贫困乡镇脱贫攻坚工作综合协调、业务指导、帮扶服务、工作督导4个工作组，全面负责深度贫困乡镇脱贫攻坚工作协调、服务和保障等工作，并一对一落实18个深度贫困乡镇结对服务的责任领导和责任处室。同时，在深度贫困乡镇下设脱贫攻坚驻乡工作队，深度贫困村下设脱贫攻坚驻村工作队。

在扶贫过程中，重庆市积极倡导社会组织参与扶贫，众多社会组织也主动参与推动脱贫攻坚工作。中国法学会一直高度重视定点帮扶开展脱贫攻坚工作，组织开展爱心捐赠活动，并且选派干部到地区挂职定点帮扶，为重庆市在发展扶贫产业、完善基础设施、落实扶贫政策等方面提思路、出主意、找路子，协调解决了贫困群众脱贫致富方面遇到的不少困难和问题，为重庆市脱贫攻坚工作贡献了力量；❶ 重庆市文学艺术界联合会密切关注深度扶贫地区，开展针对贫困县乡的调研活动，对贫困地区的旅游资源、贫困现状进行深入调研，以期发挥艺术门类的特长优势，从文艺工作的角度为双龙镇和安静村提供更多的帮助，为脱贫攻坚和乡村振兴做出积极贡献。市文联不仅对贫困村给予大量图书捐赠，还直接提供文艺扶贫项目资金加大对口帮扶力度。另外，市文联通过派遣驻村队员以"要甘当小学生，虚心向乡亲们学习，沉得下、蹲得住、融得进"为指导思想，用心用情用力做好精准扶贫工作。另外，为进一步加强我市扶贫资金使用和项目实施监督管理，有效防范扶贫领域腐败及违法行为，提高扶贫义务监督员的工作能力，更好地发挥群众监督作用，民主党派成为扶贫监督的有力社会组织。

重庆市的深度扶贫工作离不开企业的帮扶。重庆市国资委组织38家市属国有企业积极参与全市脱贫攻坚工作，2015—2017年累计捐投1663亿元，投资支持18个贫困区县实施精准扶贫、精准脱贫工程，取得了显著成效。截至目前，重庆市有1755家民营企业和商协会组织参与精准扶贫行动，投入资金17.75亿元，其中产业扶贫

---

❶ 中国法学会扶贫"在路上"［N］. 民主与法制时报，2018-09-16.

14.07亿元，1363个村接受帮扶，受到社会的广泛赞誉。企业在深度扶贫中，主要通过无偿为贫困区县捐赠脱贫攻坚资金、对贫困区县提供脱贫攻坚金融支持、安排各类扶贫项目支持贫困区县发展、支持贫困大学生就学和就业发挥作用。

重庆市还将深度扶贫与"互联网＋"联合，将中国社会扶贫网的优势与地方特色进行深度融合，创新探索出"重庆特色"的"互联网＋"社会扶贫的新模式，促进社会爱心资源和贫困人口帮扶需求的有效对接，广泛动员社会力量来助推脱贫攻坚。

2. 区域联合

区域扶贫是我国扶贫工作展开以来的重要思想，当下深度扶贫地区的分布仍离不开区域性的特征，因此重庆市实施"区域联合"的政策，旨在进行资源整合，凝聚区域力量，取长补短，攻克深度贫困之难点。东西扶贫协作是重庆市实行区域联合的一个重大项目，与山东省共同制定《山东·重庆东西部扶贫协作框架》，打造鲁渝区域的东西协作，山东省已经有18个经济强镇与重庆18个深度贫困乡镇开展一对一结对帮扶。在协作中鲁渝两地根据国务院东西部扶贫协作交叉考核结果反馈有关要求，加快鲁渝扶贫协作工作进程，加强规范管理、实施推进、信息报送、考核监督等体制机制建设，并进一步制定了以下具体措施。

东西扶贫协作中首先要完善两省市高层对接、沟通协调机制。健全鲁渝两省市高层联席会议和党政领导定期互访机制，每年召开两次两省市联席会议，研究确定两地合作事项，协调推进合作中重大事宜；建立两省市常态化部门对口衔接落实机制，由山东省发展改革委和重庆市发展改革委做好鲁渝扶贫协作日常事宜的联系、沟通、协调等工作，促进合作事项务实推进；两省市相关职能部门也加强对接，紧扣考核要求，深化、细化、优化两省市合作框架协议，共同研究加强鲁渝扶贫协作的政策措施。

两省市的产业合作是扶贫协作的核心项目。山东加快发展动能转换步伐，通过与重庆深入合作，引导更多企业到重庆进行投资，建立专业的产业研究院，形成政府主导、市场运作的合作机制。尤其是充分发挥农业企业品牌、市场、技术等方面的优势，依托重庆当地的资源，建立农业产业示范园区，并支持重庆特色农产品在山东销售；组织旅游企业挖掘探索开发山城游、乡村游等特色旅游产品，加大结对区县旅游资源的推介力度；利用好国开行优惠利率贷款，设立扶贫协作企业合作投资基金，为扶贫协作项目提供融资支持。重庆市研究出台针对山东企业赴渝投资助力脱贫的优惠政策，把山东企业作为招商引资的重点目标企业，支持两省市旅游产业合作。两省市研究论证给予对方户籍人口旅游门票免费等优惠政策，探索城乡建设用地增减挂钩节余指标跨省域调剂。同时，山东省调整财政资金的扶持资助力度，瞄准建档立卡贫困人口，探索省市县三级援助资金打捆集中使用，在安居工程建设、特色产业培育、劳务人才合作等领域，策划实施一批山东财政援助资金重点支持的精品项目。

鲁渝双方还通过职业教育和劳动技能培训进行劳务协作，突出强调双方的人才交流。在挂职锻炼、两地培训、人才选派等方面出实招，加快两省市科研院所、医疗机构、中小学校结对共建。山东支持高校、科研院所在重庆建立分支机构，继续选派一批教育、卫生、科技、文化、社会人才到结对区县挂职或支教、支医和提供技术援助。重庆组织一批结对区县党政干部、中小学骨干教师、医护人员、农村致富带头人赴山东考察和交流，实现人才的双向交流，有力增强扶贫协作的人才助力。

（二）施扶贫之为

为了切实解决深度贫困的问题，重庆市深入贯彻"发展生产脱贫一批、易地搬迁脱贫一批、生态补偿脱贫一批、发展教育脱贫一批、社会保障兜底一批"的脱贫目标和举措，通过生态扶贫、产业扶贫、医疗扶贫、教育扶贫及社会保障的专业化、规范化扶贫措施的实施，形成深度扶贫体系。

1. 生态扶贫

生态扶贫是贯彻习近平总书记"绿水青山就是金山银山"重要思想的重要举措。重庆市整合易地扶贫搬迁、生态移民、财政专项扶贫搬迁、农村危房改造四个方面政策资金，开展以"高山生态扶贫搬迁计划"为核心的生态扶贫行动。高山生态扶贫搬迁计划坚持"群众自愿、房屋自建、贫困优先"的原则，把产业发展资金、乡村旅游扶贫资金、雨露计划资金、社会帮扶资金等专项扶贫资金与搬迁工作无缝对接，以"居住在深山峡谷、高寒边远地区，生产生活极为不便、生存环境十分恶劣的；居住地属重要生态修复保护区，根据规划必须搬迁的；居住地的水、电、路、通信等基础条件难以完善，建设投资大且效益不好的"❶为条件确认搬迁对象，以"转户进城、相对集中安置，旅游安置，异地安置以及五保户集中供养和投靠亲友"为搬迁归属，并辅以财政倾斜、创业福利、安置补贴等多项配套政策支持搬迁工作。在计划实施过程中，主动协调用好地票交易、国土整治、危房改造、以工代赈、退耕还林等政策资源，主动配合市农委等市级相关部门强化对高山生态扶贫搬迁工作的督查和指导。

根据重庆市的自然环境与资源条件，生态扶贫与林业发展密切相关。重庆市林业局基于生态扶贫的要求，大力实施林业生态工程，为贫困人口提供就业机会，促进贫困人口获取更多的劳务性报酬；大力开发生态公益性岗位，促进贫困人口获得更加稳定的工资性收入；大力发展林业生态产业，充分与科学技术结合，打造特色森林

---

❶ 丰都县人民政府关于加快推进高山生态扶贫搬迁工作的通知. 重庆市丰都县人民政府，2013－03－12.

旅游，促进贫困人口增加更多的经营性收入和财产性收入；大力推进生态效益补偿，向深度贫困乡镇倾斜政府生态建设补助资金，促进贫困人口增加更多的转移性收入。

2. 产业扶贫

产业扶贫是深度贫困地区从根本上实现自我发展的造血型措施，重庆市也多角度、多方位倾力进行产业扶贫，既制定了具体的产业扶贫措施，又施以相关政策巩固、促进产业扶贫的发展。

1）产业扶贫渠道

（1）大力发展生态果业、生态茶业、生态渔业、生态牧业、生态药业、生态蔬菜等，推广绿色生产方式，突出生态农业的扶贫效果。利用重庆山区的多元化地理特征优势，因地制宜建设柑橘园、李产区、茶园村及药材种植示范带以及大面积高山蔬菜种植地。丰富农业生产形式，大力推广"稻鱼同田""鱼菜共生""畜—沼—菜（果）""秸秆—饲料—畜—茶（果）""粮—瓜—菜""林—药—菌"等多种生态循环农业模式，多样实行"池塘生态化"养鱼、休闲渔业和"稻田综合种养"模式。

（2）创新性提出"七个一批"发展乡村休闲旅游：充分利用贫困乡村优美的自然风光、森林草场、江河湖库、高山峡谷、古朴村落、乡土民俗等旅游资源和果蔬园、茶药园、桑林园等特色作物基地，开发一批观光度假、农趣体验、民俗文化、森林康养、避暑纳凉等乡村休闲旅游产品；挖掘民间传统技艺与土特产，形成一批乡村休闲旅游商品；传承民间技术、民间技艺、传统节庆，举办一批乡村休闲旅游节会活动；采取政府支持、民间投资，建设一批旅游配套服务设施；引导贫困群众自主建设，发展特色民宿、休闲农庄、乡村酒店，培育一批集康养、纳凉、科教等元素的森林人家、田园农家；强化创意设计和品牌打造，打造一批乡村旅游精品线路；按照"一村一品、一村一景、一村一韵"要求，建设一批乡村休闲旅游扶贫村。

（3）充分运用科学技术，着力实行农产品电商扶贫行动。倾斜支持贫困地区信息进村入户示范工程建设，2017年完成750个益农信息社建设，实现重点贫困区县益农信息全覆盖。推行生鲜农产品社区直送，线上线下联动，依托村级益农信息社和农村电商服务站，统一开展产品质量检验检测，统一使用品牌标识，统一进行包装。会同有关部门，加强村级电商服务站点、信息基础设施建设，开展电商企业对口帮扶、电商人才培训、电商促进就业创业等活动，积极探索"专业电商＋贫困农户""网络销售＋定制生产""线下体验＋网上预订""网上村庄＋邮政网点"等模式，实现1919个贫困村电子商务服务全覆盖。

（4）在农产品加工流程中增加扶贫意义，实施农产品初加工补助政策，支持建设一批贫困户参与度高的贮藏、烘干、净化、分等分级等产地初加工设施，果蔬加工、粮食烘储等商品化处理中心，开展副产物综合利用加工和主食加工。推进龙头企业精深加工与初加工分工合作，围绕扶贫主导产业，引导龙头企业建设加工基地、仓储保鲜、冷链物流、集配中心等。支持有条件的贫困地区创建农产品加工示范基地和加工示范企业，力争每个扶贫主导产业都有1~2个加工骨干龙头企业。

（5）产业扶贫与其他扶贫模式相契合，利用产业加强易地扶贫搬迁后续扶持工作。强化后续产业扶持，组织搬迁贫困户因地制宜发展种植、养殖、加工、乡村休闲旅游等特色优势产业。利用各级各类政策措施支持小微企业、民营经济发展和创业就业，引导有文化、有技能、有经营能力的搬迁户自主创业。全面推进原宅基地复垦和农房收储，运用农业开发、退耕还林、产业扶贫等项目支持迁出地土地开发利用。大力引进各类市场主体尤其是农业龙头企业投资开发迁出地土地，引导和鼓励搬迁户以土地经营权和林权流转、合作、入股等方式参与迁出地土地开发经营。

2）产业扶贫政策支持

（1）农业投入政策。建立以脱贫为导向的财政支农资金预算安排机制，农业生产发展资金、农业生态环保资金以及相关农业项目资金向贫困地区倾斜。2018—2020年，每年在农业产业发展资金中安排1.6亿元以上，一并切块到14个国家扶贫工作重点区县，支持其产业扶贫。切块到区县的农业生产发展资金，重点扶助建卡贫困农户发展特色效益农业、乡村休闲旅游业、农产品初加工及电商等，支持贫困村"一村一品"建设。鼓励家庭农场、农民合作社、农业企业、农业社会化服务组织等新型经营主体吸纳贫困人口稳定就业，以多种紧密利益联结方式带动贫困户发展生产增收的，给予一定的支持。

（2）农业担保政策。加大对贫困地区农业担保项目的贴息贴费力度。创新担保产品，在加强风险管控的前提下，主推纯信用、零抵押、零保证金、100万元以下的产品，扩大30万元以下纯信用产品的支持范围。发展"互联网+金融"扶贫，打造互联网农业金融平台和精品农业购销平台，以小额、短期、灵活、快速方式满足农业生产季节性资金需求，拓展"三品一标"农产品、乡村休闲旅游等销路。对贫困区县特别是深度贫困乡镇100万元以下的担保项目，执行担保费率不超过1.5%。

（3）农业保险政策。推动特色优质农业保险提标扩面，扩大市级层面的柑橘、渔业保险承保面。支持贫困区县因地制宜发展山羊、花椒、辣椒、高粱、花生、魔芋、中药材等特色农险产品，探索开展农机作业人员人身意外保险、农村土地流转履约保证保险等。持续推进水稻、生猪、柑橘、榨菜、山羊等农产品目标价格和收益保险试点，逐步扩大试点品种、试点区域。重点保障贫困农户参加政策性农业保险，贫困区县建卡贫困户参加种植、养殖生产灾害险的，在市财政统一保费补贴比例基础上，再补助总保费的5%，相应减少贫困农户的保费承担比例。

(4) 深度贫困乡镇支持政策。向 18 个深度贫困乡镇各派出一个产业扶贫工作技术指导组，实行定点指导。切块到相关区县的产业扶贫资金，每年安排 18 个深度贫困乡镇的每个贫困村 20 万元以上，支持其产业发展。农业综合开发等相关农业项目向深度贫困乡镇倾斜，农村改革优先安排在深度贫困乡镇实施。一是在深度贫困乡镇开展"七权"确权，推进"三变"改革试点。二是积极推动农业龙头企业与深度贫困乡镇对接，力争帮助每个乡镇引进 1 家以上龙头企业。三是抓好巫溪县中岗乡的对口帮扶，市农委扶贫集团每年筹集 500 万元资金，支持其脱贫攻坚；协调扶贫集团成员中的企业到中岗乡投资，带动当地发展；每年安排 20 万元助学金，资助 40 名贫困大学生、高中生。

3. 医疗扶贫

因病致贫的人数在贫困致因中占有很大比例，因此重庆市聚焦因病致贫人口，坚持治病、救助、防病多管齐下，坚持政府、市场、社会共同发力，着力构建防止因病致贫返贫长效"六大机制"，扎实推进健康医疗扶贫落地落实。

(1) 构建"三联动"工作推进机制。一是部门协作联动。坚持健康扶贫一盘棋，扶贫开发领导小组统筹领导，卫健委、扶贫部门牵头，财政、人社、民政、慈善、残联、保监等部门和单位各司其职，建立联席会议制度，统一政策标准，共享数据信息，强化绩效评估和督查考核。二是市、区（县）上下联动。坚持市级统筹、区县落实、分级负责的工作机制。市级定目标、出政策、补资金、抓督查；区县履行主体责任，重点做好对象认定、流程细化、政策落地等工作。三是市场社会联动。通过引入商业保险，搭建帮扶平台，落实激励政策等方式，打通市场主体、社会力量参与健康扶贫的渠道，形成政府救助、企业赞助、爱心资助"三位一体"健康扶贫格局。

(2) 构建"三类病"治疗服务机制。一是大病集中救治。抽调

70多名医学专家组成临床诊疗专家组，确定42家定点医院，对9种大病开展集中救治，目前已有1.8万贫困人口接受救治，救治进度达95.2%。二是慢病签约服务。贫困户签约医生实现全覆盖，电子健康档案建档率达90%；8.8万贫困人口享受医疗综合服务，占服务对象的97.5%。推行"居家康复模式"，对长期服药的贫困患者每月提供100~500元的药品，由干部送药上门。推行"集中供养模式"，将失能贫困人口集中到乡镇养护中心和社会福利所院统一提供医疗服务，释放贫困家庭劳动力。三是重病兜底保障。2.4万名贫困重病患者实现兜底保障，占应保障人数的97.3%。全面落实区县域内先诊疗后付费制度，设置贫困人口综合服务窗口，贫困群众县域内就诊率达90%以上。

（3）构建"四叠加"医疗救助机制。一是基本医保一个不少。由区县政府落实资助参保政策，市级通过数据比对进行动态管理，确保贫困人口全员参保。二是医疗保险提标降线。贫困人口基本医保和大病保险报销起付线降低50%，报销比例提高10%，20万元以内的大病保险报销比例提高到50%。三是民政救助保重扶特。因病致贫家庭全部纳入重特大病救助、应急临时救助和慈善救助，2017年贫困人口获得民政救助2.1亿元。四是扶贫基金专项救助。扶贫部门牵头，联合卫健委、财政、民政、人力社保等部门，设立4亿元区县健康扶贫医疗基金，对贫困人口经普惠性医疗保障政策报销后承担的大额医疗费用，分1000~10000元、1万~5万元、5万元以上三个段次，分别按70%、85%、95%的比例进行救助。在此基础上，由区县对实际医疗负担仍然较重的贫困人口实行"一对一"特殊救助。

（4）构建"四合一"商业保险机制。依托商业保险机构，为贫困人口量身定制每人100元的健康"精准脱贫保"。一是保大病。贫困人口产生的合规医疗费用（目录外费用占总费用比例不超过10%，分级诊疗就医），经各类救助后住院超10%、慢性病和重特大疾病门诊超20%的部分，由商业保险兜底报销。二是保重疾。对贫困户子女患15类重大疾病，先行支付1万元，后续费用通过正常程序解决。三是防意外。贫困人口因意外死亡赔付5万元，意外伤害医疗费用最高赔付5000元。四是管病故。贫困人口疾病身故，每人赔付1000元。同时，建立双向调节机制，做到保险机构保本微利、贫困人口受益最大化。今年1~5月共赔付5500余万元，13.1万贫困人口受益，预计年度赔付率达85%以上。

（5）构建"一站式"费用结算机制。依托基本医保系统，统一开发贫困人口医疗救助"一站式"结算平台，实现基本医保、大病保险、民政救助、扶贫基金、商业保险互联互通，贫困人口身份自动识别，医疗费用报销金额自动核定，市内就诊医疗费用自动结算，市外就医只需申报一次。截至2017年5月底，已有16.6万人次通过"一站式"平台获得医疗救助和保险赔付1.2亿元。❶

（6）构建"五优先"后续发展机制。将健康扶贫与产业扶贫、就业扶贫、扶贫培训、扶贫搬迁等精准扶贫措施结合起来，对因病致贫户做到"五个优先"，即优先落实资产收益扶贫、优先落实扶贫小额信贷、优先纳入"一户一人一技能"培训计划、优先安排农村公益性岗位、优先实施易地扶贫搬迁。

另外，在"六大机制"的引导下，重庆市多地探索"123456"医疗扶贫模式，即"千名医务人员'一帮一'救助贫困家庭患者"攻坚行动，对家庭主要劳动力或因生活不能自理直接影响主要劳动力就业的家庭患病成员"两类人"，按照"集中初筛复查、分批次入院治疗、全程跟踪服务"三个步骤，采取医保报销、医院减免、政府补助、患者自付"四个一点"治疗费用结算模式，达到贫困村标准化卫生室、体检筛查、巡回义诊、签约服务、药品发放"五个全覆盖"，实行村卫生室六级管理，全力实现"治愈一人、脱贫一

---

❶ 张波. 精准深入推进深度贫困乡村脱贫攻坚［N］. 重庆日报，2017-11-24.

户"目标,创新性地激发医疗扶贫的后续活力。❶

4. 教育扶贫

"把贫困地区孩子培养出来,这才是根本的扶贫之策",因此教育扶贫对深度贫困地区实现根本性脱贫有长远意义。重庆市采取了以下教育扶贫措施:

(1) 实施精准化贫困生资助。针对学前、义务、高中、高等不同教育阶段,实施不同力度的贫困生资助,并积极动员机关、企事业单位、社团组织、基金会、民间爱心人士等对贫困学生开展捐资助学,构建全方位、多形式、多层次的贫困学生资助体系。

(2) 确保贫困区县教育优先发展。巩固提高义务教育,全面改善义务教育薄弱学校办学条件;实施第二期《学前教育三年行动计划(2014—2016 年)》,完善贫困区县学前教育成本分担和运行保障机制,健全学前教育资助制度,加强幼儿园教师培训,加快发展学前教育;普通高中建设项目、普通高中改造计划等优先支持贫困区县,推动普通高中多样化发展;大力发展职业教育,重点支持一批社会有需求、办学有质量、就业有保障的特色优势专业,充分发挥职业教育在农村劳动力培养和转移中的作用;高校支持区县发展,发挥高等学校在农业发展和农村经济的人才培养、科技支持、智力帮扶、信息支撑等方面的作用,❷ 利用高校支持区县发展;重点加强贫困区县教师队伍建设,实施贫困区县农村义务教育阶段学校"特色岗位教师""三区"支教等支教计划,实施"免费师范生计划"、农村小学"全科教师"培养计划等贫困区县教师培养计划,实现政策倾斜,提高教师福利。

(3) 关爱特殊群体促进教育公平,重点关注贫困地区留守儿童、

---

❶ 李春奎. 习近平总书记关于扶贫的重要论述的巫山实践 [N]. 重庆行政(公共论坛), 2018 - 12 - 18.

❷ 国务院办公厅转发教育部等部门关于实施教育扶贫工程意见的通知 [G]. 宁夏回族自治区人民政府公报, 2013 - 10 - 01.

随迁子女，完善留守儿童、随迁子女的教育管理、生活关爱体系，实施代理家长、寄宿之家、托管家园、亲属代管等教育管理方式，建设"乡村学校少年宫""留守儿童之家"、校外托管机构等，切实保障流动人口随迁子女在入学、编班、资助等方面与城市学生享受同等待遇；重视发展特殊教育，改善贫困区县特殊教育学校和接受残疾学生融合教育的普通学校办学条件；建立普惠和特惠政策相结合的资助体系，❶ 逐渐提高对特殊教育群体的资助力度；重庆市实施农村贫困地区定向招生专项计划、部分高校农村学生单独招生计划、市属一本招生高校农村学生专项计划，提高重点高校招收贫困地区农村学生比例；实施定向全科教师、全科医生招生计划；继续保留和实施聚居地少数民族考生等国家级扶持性加分项目，实行招生倾斜；强化就业创业指导，支持高校贫困毕业生就业创业，重点安排贫困生参加暑期"带薪实习"，给予每人每天不低于50元的实习补助；市财政对贫困毕业生每人一次性发放求职创业补贴800元；实施市级学费代偿政策，鼓励优秀高校毕业生到贫困区县工作。

5. 社会保障

社会保障包括社会救济、社会保险、社会福利、优抚安置等具体内容，针对深度贫困区县，重庆市重点完善社会保险制度和社会救助体系，充分发挥现行社会保险政策作用，完善并落实社会保险扶贫政策，支持帮助建档立卡贫困人口、低保对象、特困人员等困难群体（以下简称困难群体）及其他社会成员参加社会保险，基本实现法定人员全覆盖，逐步提高社会保险待遇水平，助力参保困难群体精准脱贫，同时避免其他参保人员因年老、疾病、工伤、失业等原因陷入贫困，为打赢脱贫攻坚战有力托底。❷

---

❶ 国务院办公厅转发教育部等部门关于实施教育扶贫工程意见的通知 [G]. 宁夏回族自治区人民政府公报，2013-10-01.
❷ 姚闻. 切实做好社会保险扶贫工作 [N]. 中国劳动保障报，2017-08-11.

在社会保险扶贫工作中,重庆市首先确立包括城乡居民养老保险、医疗保险、工伤保险、失业保险等多种保险形式在内的社会保险名目,并针对贫困户现状减轻困难群体参保缴费的负担,加强社会保险与最低生活保障、特困人员救助供养等社会救助制度的统筹衔接。在此基础上,重庆市实施多项计划,加强社会保险扶贫的推进。一方面,重庆市推进困难群体应保尽保,全面实施全民参保计划。深入贫困地区、农民工集中的高风险行业、单位和岗位,重点摸清困难群体和贫困劳动力参加社会保险情况,采取通俗易懂、灵活有效的宣传方式开展社会保险扶贫政策宣传。动员各类未参保困难群体积极主动参加社会保险,尤其对按规定纳入代缴(资助)参保范围的人员,积极做好参保动员工作,提高参保意愿,推进困难群体应保尽保和法定人员全覆盖。另一方面,重庆市增强贫困地区社会保险经办服务能力,让参保贫困户实实在在享受到社会保险的扶贫红利。重庆市科学整合贫困地区现有公共服务资源和社会保险经办管理资源,采取政府购买服务、增加公益性岗位、聘用合同工等方式充实基层经办力量,加强人才队伍建设;简化优化流程,推进标准应用,提升服务水平,加强经办窗口作风建设;以社保卡为载体,建设集网上办事大厅、基层服务窗口、自助服务一体机、智能手机客户端平台、微信、有线电视频道等多种服务渠道为一体的智能服务管理平台,加强"智慧社保"建设,充分利用科学技术,为社会公众提供方便快捷准确的信息服务、政务咨询、业务申办、事务查询等社会保险公共服务。❶

重庆市社会救助脱贫攻坚工作在深入调查的基础上进行。完善低保兜底政策,明确了农村低保标准与扶贫标准"两线合一",要求将丧失劳动力,缺乏自我发展能力,无法通过生产扶持、就业发展、搬迁安置和其他措施脱贫的建档立卡贫困家庭,全部纳入低保兜底

---

❶ 李海楠. 充分激活社保政策 发力精准扶贫 [N]. 中国经济时报,2017-08-15.

范围；将医疗扶贫与社会救助相融合，对因病致贫家庭重病患者纳入医疗救助有关资助参保、普通疾病医疗救助和重特大疾病医疗救助方法方式进行了规范。全市去年对符合低保标准的农村贫困人口实行政策性保障兜底，全市20.9万名扶贫对象纳入农村低保，占全市农村低保总人数的35%，占建档立卡贫困对象的13%。在低保兜底扶贫对象全部纳入医疗救助的基础上，160余万名建档立卡贫困人口全部纳入重特大疾病医疗救助范围。2017年支出1872万元救助建档立卡扶贫对象82万人次，扶贫济困医疗基金支出2468万元救助1.9万人次。同时，对因特殊原因导致基本生活陷入困境的扶贫对象，重庆市及时给予临时救助，切实保障他们的基本生活。

第三节 完善深度扶贫支撑机制

在重庆市深化脱贫攻坚工作电视电话会议和深度贫困乡镇脱贫攻坚工作会议以来，各级各部门围绕学习贯彻落实习近平总书记在深度贫困地区脱贫攻坚座谈会上的重要讲话和视察重庆重要讲话精神，不断创新深度贫困乡镇攻坚机制。全市统一思想认识，凝心聚力攻克坚中之坚，凝聚力量，担当责任，以钉钉子的精神、绣花的功夫，持之以恒把脱贫攻坚各项任务落实下去。

一是扶贫资金长效保障机制。建立金融扶贫机制，加大对资金整合的力度，始终坚持新增脱贫攻坚优先满足深度贫困乡镇、村的发展要求，新增脱贫攻坚项目优先布局于深度贫困乡镇、村，新增脱贫攻坚举措优先集中于深度贫困乡镇、村的"三个优先"原则，充分展现政府支持与投入的主体和主导作用，展现金融资金的引导和协同作用。

二是人才激励机制。开发人才，吸收人才，激发优秀人才的积极性和革新性，最大限度地发挥优秀人才在扶贫开发中的作用，做到人尽其才、才尽其用。建立和强化人才激励机制，推动山区农业经济的发展和扶贫开发深入进行。

三是组织支撑机制。加强深度贫困乡镇、村农村基层组织建设，探寻软弱散乱基层班子问题的解决路径，不断增强和提升乡村基层干部脱贫攻坚的意识和能力，充分发挥好村党组织在脱贫攻坚中的战斗堡垒作用。着重抓好基层村党组织领头人队伍的建设，大力培养高水平党员创业致富领头人，组织有帮扶能力的党员结对帮扶贫困户，增强农村党组织带领贫困群众脱贫致富的能力。

四是信息沟通机制。市政府相关部门通过划分统一的数据标准水平，明确公开范围、工作措施等手段加强对各区县的指导，要求各区县政府建立健全信息协调机制，细化责任分工，协同辖区教育、文化、卫生健康、自然环境保护等部门，共同制订具有本地区发展特色的扶贫建设政府信息公开的实施方案，明确工作未来方向与目标，提出相关可行性措施，认真组织开展实施；同时，组建微信群、QQ群，加强信息资源互通共享，实行每周编印工作简讯，每半月进行1次工作动态发布，每月组织1次工作小结，每季度进行1次工作通报，每半年召开1次现场推进会，每年开展1次成效考核，保障扶贫信息及时精准有效地沟通传递。

（一）深度扶贫的资金支撑机制

第一，加大各个扶贫主体的资金倾斜支持。国土部门主动采用城乡建设用地"增减挂钩"等方式，首要满足深度贫困乡镇、村发展用地的需要；各部门组织的惠民项目首要满足深度贫困乡镇、村的发展需求；金融机构、保险企业等单位加大对深度贫困乡镇、村的倾斜支持力度。

第二，推行"政银企＋贫困户"合作模式。一是建立政银、政企风险共担机制。设立信贷风险补偿金专户,银行翻倍向经营主体发放无抵押无担保的扶贫信用贷款;与市农业担保有限公司合作,按一定的比例共建农业担保体系,共同注入风险补偿金,用于支持农业龙头企业、种养殖大户、新型经营主体等贷款。二是创新系列金融产品。创新金融产品,分类层层探索推进农户信用等级评定贷款,农产品收益权、农村"四权"新型抵押物等小额贷款扶贫龙头企业、家庭农场、农民专业合作社等经营组织担保信用贷款,家庭基本生产生活消费贷款、基本公共服务建设到村贷款等融资方式,推进农村青年和妇女创业小额贷款工作,深入实施残疾人康复扶贫贷款项目。三是探索"惠农金融平台"模式。引导金融服务资源下沉,支持县农行依托村级服务中心或便民店建立"惠农金融平台",开展代理缴费、公众综合服务、网络融资、产品购销等服务,满足农村扶贫及贫困户基本金融需求。

第三,集中扶贫资金使用权限。赋予贫困县一定的资金整合权限,允许其能以本县突出的贫困问题将资金统筹起来,用于重点扶贫项目建设。考虑到贫困县主要人口的特殊性,因此除了扶贫资金以外,涉农资金统一交由区县统一整合。整合扶贫和相关涉农资金,是增强我国扶贫资金使用针对性和实效性的关键之举。

第四,推广"地票"制度,鼓励生态移民搬迁。重庆城市实行的"地票"制度,是近年来生态移民搬迁的新途径,加快了生态移民搬迁的进程。所谓的"地票"制度是指将生态移民搬迁后的农村建设用地复耕或退耕,将闲置出来的部分建设用地通过公开交易用于城镇建设,其增值收益用于弥补移民搬迁费用。例如,重庆市一亩地的价值在 20 万左右,其中 85% 是老百姓可以占有的。这样说来,如果贫困地区农民有这样一笔资金,那么盖房子、农产业发展、文化教育、进城等问题都能够得到有效解决。

以教育扶贫工作为例,必要的资金投入是职业教育培养高素质技能型人才的物质条件,充足的教育经费能够帮助持续有效地发展职业教育，开展职业教育扶贫工作。纵向上，采取"法定标、中央资助、省统筹"的原则。一是建立健全职业教育发展经费稳定投入机制，完善职业学校办学条件，创新人才培养方案，以保障扶贫效果；二是中央财政持续加大对职业教育的资金支持力度，提高对农林矿专业、艰苦行业的帮扶力度；三是完善扶贫专项资金，保障投入机制及监督机制的稳定运行，保证扶贫专项资金管好、用好。横向上，坚持多元投入主体原则。首先政府当好攻坚主力，作为主体投入，包括公共财政性经费投入、职业教育专项经费投入、城市教育费附加投入；其次是市场企业投入做好辅助，即各类企业按照《中华人民共和国职业教育法》的规定，足额支付教育培训经费；最后是社会捐助作为补充投入，利用税收优惠政策鼓励企事业单位、社会团体和公民个人筹资助学。

（二）深度扶贫的人才支撑机制

山区贫困农村发展面临的严峻问题之一是人才资源引进的问题。最大限度地发挥优秀人才在扶贫开发中的作用，需要构建贫困山区、贫困农村挖掘人才、培养人才、吸引人才、留住人才以及最大效度发挥人才作用的体系。

第一，培养优秀人才。在贫困地区培养人才主要依托于职业技能学校，职业技能学校应该结合当地发展特点，将教学目标与经济社会发展要求高度重合，提高培养职业型人才质量。提升扶贫学校全方位的能力，构建"三位一体"的育人模式，即德育为先、技能导向、实践为主的产、教、研一体模式。课程安排对口社会需求，研学活动落地实际、专业设置对接产业发展。每年开展"城市优质教育资源下基层"等系列培训，实现深度贫困乡镇专业技术人员培训全覆盖。鼓励贫困者全面素质发展，技能要求达到统一化、标准化，培养出服务于生产、管理、服务等基层一线岗位的高素质技能型专门人才。除了职业学校技能培训以外，还有派送部分学生去外地经济发达的学校学习交流，学成以后回来反哺家乡。

第二，吸引优秀人才，激发优秀人才的活力。组建现代新型农村政府管理人才，首先需要依靠当地政府政策，制订行之有效的人才吸引计划。为鼓励优秀人才踊跃加入基层工作队伍，需要一定程度上创新人才吸引机制，实行优待政策，提高优先录用比例，提高各级党政机关从基层调任优秀公职人员的比例，使优秀人才能够在待遇方面享有一定的优先性和保障性，甚至可以高于发达地区公职人员待遇水平。

对于回乡创业的优秀人才，坚持做到欢迎加入者、善待坚守者、尽力挽留不强留离开者的包容态度，做好各方面的支持和保障工作，并且深入实施本土人才回引计划。历史事实告诉我们，扶贫想要达到高效率，需要充分认识到优秀人才回乡创业所起到的脱贫致富的引领作用。政府在扶持优秀人才回乡创业的过程中，主要做了以下几个方面的工作。一是资金上的支持。对于发展规划成熟、可行性高、有着良好发展态势和优秀的市场发展前景、为村民和当地乡村带来大量就业机和良好效益的产业项目，政府对优秀人才做好资金上的扶持，从启动资金、政策性补贴、奖励性补贴、贷款优惠政策等全过程提供资金扶持，对项目进行有力的支持。二是政治待遇上的重视。在组织原则许可的情况下，为起到良好的带头和榜样作用，为激发优秀人才的创造性和积极性，筛选推荐在扶贫开发工作中做出重要贡献、政治素质过硬、群众一致好评的致富带头人，鼓励他们参与选拔担任村党支部书记、书记助理、村主任、主任助理等村级干部。三是提供科学指导培训。政府充分发挥部门综合管理优势，在充分了解优秀人才动态和想法的前提下，定期举办思想教育、技能培训、创业培训、业务指导咨询、心理辅导、政策解析等各类培训和咨询服务，增强责任感，提供互动交流平台，提高优秀人才能力和本领。四是重视人才的荣誉感和成就感需求。公开表彰在经济建设与村庄管理方面有突出贡献者，重点倾斜评选各类优秀和先进的工作人才；深入挖掘和整理各类优秀人才先进事迹，利用报刊、电视、广播、微博、微信等媒体进行宣传与褒奖，通过报道他们的优秀事迹，鼓励大家树立奉献精神，营造尊重劳动、尊重知识、尊重人才的良好社会氛围，让被褒奖者不忘初心继续前进，让后来者有更坚定的信念和持续的动力回乡发展事业，通过榜样的力量带动更多优秀人才反哺乡村。

（三）深度扶贫的组织支撑机制

1. 深化思想意识

深入认识脱贫攻坚任务的必要性与重要性，深刻意识到脱贫攻坚路任重道远，增强做好扶贫工作的责任感和紧迫感；做到在脱贫攻坚路上脱贫摘帽要坚持解决一个摘一个，做好监督检测，既要解决不思进取、等靠要、钻空子等问题，也要避免揠苗助长、造虚假；深刻认识到深度贫困的攻克是目前脱贫攻坚工作的关键性问题，认识到扶贫要精准，要找准"穷根"，明确靶向，量身定做，对症下药，扶贫扶到点上，真正贯彻落实。各级党委、政府坚定"四个意识"，坚决落实党中央的决策部署，层层压实责任，级级传导压力，为脱贫攻坚提供坚强保障。同时，加强整改落实脱贫攻坚中存在的问题。做好中央巡视"回头看"、国务院扶贫开发领导小组督查组、国家第三方评估检查验收组反馈意见的整改工作，查漏补缺，举一反三，全面完善脱贫攻坚工作的效能。做好督促工作，着重抓好检查环节，坚持以解决问题为导向，革新扶贫方式方法，大力惩罚弄虚造假者、贪污犯罪者、私权挪用者等违法违纪行为，完善责任追究体系，确保精准扶贫、精准脱贫各项政策措施落地落实。

2. 加强组织领导

专门组建深度贫困乡镇、村脱贫攻坚工作指挥部，由县、乡镇、村三级领导干部共同组成，形成"市管领导挂帅＋县级帮扶部门主要负责人＋乡镇党政主要负责人＋村支两委负责人＋驻村工作队第一书记（队长）"的指挥体系。市扶贫开发领导小组实行双组长制，由市委、市政府主要领导担任组长。领导小组办公室明确3名厅级领导负责，抽调25名工作人员，组建深度贫困乡镇脱贫攻坚工作综合协调、业务指导、帮扶服务、工作督导4个工作组，全面负责深度贫困乡镇脱贫攻坚工作协调、联系、服务和保障等工作，并一对一落实18个深度贫困乡镇结对服务的责任领导和责任处室。各级各部门做好领导带头作用，合理动员使用社会全员力量，集结脱贫攻坚力。各个贫困区县第一责任人最大限度发挥自身作用，调整扶贫开发领导力量。深度贫困乡镇、村脱贫攻坚工作在县扶贫开发领导小组统筹指导下开展工作。深度贫困乡镇下设脱贫攻坚驻乡工作队，深度贫困村下设脱贫攻坚驻村工作队。指挥部组成人员及职责如下：

（1）指挥长。每个深度贫困乡镇由1名市管正职领导挂帅担任指挥长，每个深度贫困村由1名市管副职领导挂帅担任指挥长。对深度贫困乡镇、村脱贫攻坚负总责，主要负责规划指导、监督检查、考核问责、掌管精准扶贫方向、协调各方面的资源与信息统一。

（2）常务副指挥长。每个深度贫困乡镇由1名市管副职领导担任常务副指挥长；每个深度贫困村在市管领导的统筹安排下，设立一个县级包干责任部门，常务副指挥长由部门主要负责同志担任，负责指挥重大事项，当好第一参谋与第一协调人。

（3）副指挥长。县级其他帮扶部门主要负责人、所在乡镇党政主要负责人担任副指挥长，主要职责是根据实际调查数据和发展现状制定深度贫困乡镇村脱贫攻坚实施规划、工作计划且落地实施，齐力攻克在实施过程中的各种问题与困难，确保深度贫困乡镇村所辖贫困村和贫困人口按期脱贫。

（4）指挥部成员。由县级帮扶部门各派1名副职、乡镇党委或政府分管领导、村"两委"主要负责人组成。县级包干责任部门副职任指挥部办公室主任（兼驻乡工作队长），主要负责指挥部日常工作。

（5）驻乡工作队。由指挥部从县级帮扶部门选派 3 名以上干部（至少 1 名副职、1 名正科级、1 名工作人员）、乡镇党委和政府班子成员、村党支部书记、驻村第一书记、村委会主任、驻村工作队员共同组成。驻村工作队的主要职责是做好沟通中介的角色，将相关信息收集分类与分析，向上级汇报，向下完成实时监测工程的进度、挂图作战完成情况、贫困退出有关数据指标等工作。

定点包干扶贫的市管领导和县级帮扶部门主要负责人每年到深度贫困乡镇、村指导工作两次以上；驻乡工作队队长和队员到深度贫困乡镇、村常驻开展工作，时间不少于一年，一年期满后视情况可以调换。选派的驻乡工作队队员要求党性觉悟高，熟悉农村工作，想干事，能干事，重点考虑拟提拔干部。各指挥部建立和落实考勤制度。县扶贫开发领导小组办公室会同有关部门，加强对驻乡工作队脱贫攻坚政策和业务培训。各指挥部要结合乡镇、村实际，对脱贫攻坚指挥部成员、深度贫困乡镇，村干部职工进行培训，进一步提高干部的政策水平、工作能力。

3. 大胆改革村级两委负责人和班子核心成员的薪酬制度

村两委的薪酬一般低于当地人均收入水平，因此迫于生计压力，村两委会成员需分散部分工作心思去寻求其他收入（外出务工、经商等），因此被分散的工作精力无法支撑村两委负责人的工作效率与成绩。结合现有的党政考核和经济发展绩效考核机制，在组织原则下，适当结合当地发展状况、人均生活水平，改善村级"两委"负责人和班子核心成员的薪酬制度，让他们能够将全部精力用心做好农村管理和扶贫工作，党委、政府尊重村民自治权利，鼓励村民监督两委成员参与甚至领办新型农村合作组织，并按照规程领取合理的报酬。在这样的新型薪酬制度下，更能大大提升村两委人员的积极性，也吸引更多的优秀人才加入村级领导班子队伍。

（四）深度扶贫的信息支撑机制

扶贫信息是科学决策制订计划方案的重要依据，是政策落地实施的监测途径，是保障互动交流的沟通桥梁，是提供经验交流的主要平台。做好扶贫信息工作，有利于全面客观掌握脱贫攻坚实际情况，及时了解脱贫攻坚最新动态，为推动精准扶贫、精准脱贫和科学决策提供重要信息支持；可以帮助各级扶贫部门有效掌握中央决策部署和政策实际执行情况，协助监测评估，及时发现问题和进行纠偏，推动顶层设计在基层科学落地；可以有效实现上情下达和下情上达，掌握基层实情，及时有效向上级反馈，同时向基层加大宣传中央决策和扶贫政策，促进上下协调双向互动和信息统一；有利于各地宣传先进和推广经验，加强扶贫系统对最新脱贫攻坚进展情况了解，学习借鉴各地先进工作经验，推动自身工作进展。

1. 从横向和纵向机制两方面健全扶贫信息多维传递机制

社会互动过程中信息发挥关键作用，扶贫信息的传递包括纵向传递与横向传递。纵向传递主要指政策信息的传递，横向传递主要指区域扶贫资源、全方位信息的传递。一是适当下放扶贫管理权限，精简政策信息传递层级，减少信息传递成本，以最节省、高效的方式使扶贫对象和基层组织掌握到实时真实的政策信息，也及时反馈对象的真实需求。二是全面统一整改信息传递。统筹各层级有效的政策信息，积极探索政策最佳组合，及时出台配套措施，保证政策落地执行；充分发挥扶政、民政、教育等部门相关职能，做好信息传递与决策过程中的及时性与完整性工作；设置多方协作信息传递机制，保证脱贫攻坚主体、客体、对象等多方面信息的高效性、及时性、真实性、完整性，减少信息盲区。

2. 建立信息共享平台

以市社会公共信息资源共享平台为载体，构建"互联网＋扶贫"

平台，不局限于网站、数据库等，市政府首先做好组织带头作用，充分利用部门综合管理的优势，将相关扶贫信息进行收集、整理、分类与分析，将基本信息做好统计归档，比如人口基本信息、贫困状况、当地社会文化等基本情况，将关键信息深度挖掘，建立扶贫信息数据库。各区县政府按照统一标准实时更新信息，以确保提供更有效真实的数据。并且根据信息公开原则，将部分信息通过政府网站、网上办事大厅和重庆日报等官方媒体，以及当地影响力较大的自媒体等进行发布。同时鼓励金融机构凭借该信息平台了解贷款者的相关信息，在该平台上审核后，符合条件直接贷款，简化贷款程序，并可采用信用联保等方式。

3. 扶贫工作信息化建设

有效推进农村电子商务发展，增加农产品供求信息发布，探索网店和实体店线上线下结合销售模式的具体内容。推进计算机网络技术在农业上的应用，通过建立农业信息网、农业微博、微信平台等，为贫困村致富带头人提供宣传推荐产品、提供市场价格、分析行业走势等信息服务，同时把握市场需求，规避风险，提升竞争力。

第五章 扶贫之实：重庆深度扶贫实证

第一节 深度贫困乡镇扶贫的特色经验

（一）三义乡"两委统筹"之创

三义乡位于彭水县城北部，距彭水县城78公里，东北与湖北利川文斗乡接壤，西与本市石柱县马武镇、黄鹤镇相连，南接本县连湖镇、普子镇。全乡四面环山，幅员面积74.76平方公里，辖6个行政村、29个村民小组。全乡总户数1779户、总人口6957人，其中外出务工人员1859人。目前贫困总人口693户、2570人，其中建卡贫困户605户、2277人，占全乡总人口比例32.7%。自2017年被确定为深度贫困乡镇之后，三义乡以村党支部委员会与村民委员会，即村（社区）"两委"形成聚合体联合发力，以自我组织建设为核心，构建强有力的扶贫组织主干，纵向加大扶贫攻坚力度，深度扶贫；具体落实为以村为单位，以村民为主体，实现横向推进产业扶贫与乡村治理共同创新、共同发展，助力贫困户全面脱贫，在扶贫攻坚工作中成效显著。

1. 扶贫组织建设

三义乡的扶贫组织建设，以村（社区）党组织、村（社区）"两委"为基础，以具有专业性、针对性能力的第一书记和驻村工作队为有力臂膀，多方联合共同展开扶贫工作。村（社区）党组织、村（社区）"两委"在三义乡的基层扶贫工作中具有一定导向作用，同时也是扶贫工作的重要力量，因此加强基层组织建设是首要任务。立足于村（社区）党组织整顿转化的工作总方向，首先要选好基层扶贫组织的领导，即村（社区）"两委"班子尤其是党组织书记，才能更好地、有效地解决班子不团结、软弱涣散、工作不在状态等问题。三义乡的村（社区）"两委"班子，是人民选举出的代表，也是为人民服务的公仆，在扶贫的过程中，村（社区）"两委"有成功经验的总结，也有相比之下的不足之处，对部分同志群众工作不细致、工作注意力不集中、遇到难题打"退堂鼓"等问题进行直接的点名批评，做到基层组织的自我勉励，自我完善；加强党员队伍建设，注重将农村致富能手培养成党员，将党员致富能手培养成村组干部；扎实推动"两学一做"学习教育常态化、制度化，抓好主题党日活动，严格落实"三会一课"制度，严肃党组织生活，切实增强村（社区）党组织和脱贫攻坚队伍的实践能力，加强党员的学习教育和管理，凝聚脱贫向心力，增强党支部战斗力，提高扶贫成效。

在扶贫政策工作中，第一书记有着不可忽视的辅导作用并且带有一定的规范作用。第一书记的重点任务是大力宣传党的扶贫开发和强农惠农富农政策，深入贯彻落实政策；带领工作人员开展贫困户识别和建档立卡工作，帮助村（社区）"两委"制订和实施脱贫攻坚计划；组织落实扶贫项目，统筹社会资源，整合扶贫产业资金，将它们用到实处；推进电商、超市、金融"三位一体"的扶贫举措，促进贫困村发展；发展壮大村级新型集体经济，增加村集体收入和增强其自我造血功能。在人民服务上，第一书记是村（社区）"两委"与人民群众之间活动着的联络线，要经常入户走访，听取意见建议，为群众办实事、解决问题；优化便民服务中心，整合群团组织等力量，做好关心贫困户、五保户、残疾人、"三留守"人员和困难儿童等工作。在提升基层治理水平上，第一书记要健全党组织领导的村民自治机制，落实"四议两公开"要求，完善村级民主决策和管理制度；落实村务公开制度，及时全面准确地做好党务、政务、财务和服务公开工作。在监督扶贫攻坚工作方面，明确如何监督、监督什么、监督权限以及监督的程序，村务监督委员会在这个方面扮演重要的角色，需要大力整改优亲厚友、暗箱操作、损害群众利益、贪污等问题；帮助村（社区）干部提升依法办事能力，指导完善村规民约，宣扬社会主义核心价值观念，丰富农村文化活动，使群众精神面貌焕然一新，促进基层和谐稳定。

此外，驻村工作队则与村（社区）"两委"加强协调配合，主动承担起脱贫攻坚责任。遵循不同类型不同指导政策的基本思路，驻村工作队抓住贫困家庭贫困原因的本质，指导帮助村或者社区"两委"厘清工作思路与方法。同时，加大宣传扶贫政策，做好村情民意调查，改善村建基本设施，发展扶贫重点产业。孵化集体经济落地，定期组织培训技能工作，解决村民矛盾纠纷，倾斜重度贫困家庭，定期检查村脱贫进展，构建发展框架，做好村级组织建设等工作；充分调动群众的力量，引导他们依靠自身努力解决贫困问题；帮助村（社区）"两委"理顺和规范村级事务管理工作，协助乡镇督导脱贫攻坚工作和责任的落实。

2. 加大扶贫力度

三义乡的扶贫以一村为一个部分，以村（社区）"两委"为一个部分的领头力量，使扶贫落实到每一村每一户，不同村的具体方式可能有所差异，但整体上自2017年被确定为重庆18个深度贫困乡镇之一以来，三义乡的各村（社区）"两委"加大了各方面扶贫工作的力度，在对象普查、基础设施建设、社会事业发展之上都有一定的成就。

首先，三义乡整体进行了脱贫攻坚的回头走访，同时对档外对象再一次进行详细普查，以彻底摸清三义乡贫困现状，为更深一步的精准扶贫奠定基础。三义乡政府安排村（社区）两委带队，成立扶贫攻坚领导小组，调整组建了6个驻村帮扶工作队，将工作责任层层落实到每一个人身上，联合全乡干部职工、县级帮扶部门对610户、2202名贫困人口进行了细致的走访调查，同时对近400名已经达到脱贫标准的贫困人口上报县扶贫办办理退出贫困系统。

其次，加强基础设施建设，改善居民尤其是贫困户的生活条件。结合脱贫攻坚"八有"要求，各村的村（社区）"两委"积极对接落实全县交通建设会战，积极引进投资，其中弘升、龙洋、小坝村获得投资1500余万元，开工建设通畅公路30公里；龙合、小坝、莲花、龙阳等村投资约800余万元，开工建设通达公路约58公里，维修整治组级公路约22公里。三义乡各村引进的投资中，266万元用于建设2016年易地移民搬迁配套设施项目4个，80万元用于建设龙合、弘升人畜饮水项目5个，350余万元用于设场镇街道污水管网和雨水管项目。与此同时，黔石高速公路途经的村落，村（社区）两委带领扶贫队伍积极协调服务工作。

最后，三义乡也着力推进民生保障工作。村（社区）两委积极认真调查居民住房现状，详细审查，全面深入地为D级危房的居民新建住房，为居住在C级危房的居民进行住房改造；保障农村贫困群体利益，调整优化农村低保，累计发放低保、五保、优抚、救灾救济等各类救助资金600余万元；全面完成三义煤矿、杉木沟煤矿关闭工作，发放安置费987万元。

3. 优化产业精准扶贫

三义乡立足于自身自然资源，着重发展烤烟、中药材、果蔬、特色养殖四大产业，并且为每一个贫困户提供获利渠道，确保贫困户有1~2个稳定增收项目。针对烤烟产业，三义乡优化烟叶生产布局,品质上打造特色烟叶品牌,完善烟田基础设施配套。针对中药材种植,推行农业规范和行业标准的中药材种植,提升药材品质,增强市场竞争力。针对高山果蔬产业,打造"三义乡"特色高山果蔬,抓好蔬果类农产品示范基地建设,力创蔬果类农产品地理标志。针对特色养殖,走"大基地、小单元、多群体"之路,着力推进规模化、标准化、集约化生产示范基地。

在具体实施上,基于三义乡地形复杂且资源、人口较为分散的实际,三义乡以村为单位,依托各个村(社区)两委,因地制宜,制定脱贫产业规划。三义乡全乡的产业规划如表8所示。

表8　三义乡各村发展产业情况

村	发展项目	数量
五丰村	中药材	1400 亩
	豪猪	3000 头
龙合村	烤烟	1800 亩
	中药材	770 亩
	蔬菜	650 亩
	生态肉牛	800 头
	山羊	500 只
	山鸡	40000 只
龙阳村	中药材	1128 亩
	生态猪	300 头
	山羊	300 只
	生态鸡	3000 只
	中蜂	200 群
小坝村	烤烟	1600 亩
	中药材	410 亩
	花椒	210 亩
	土鸡	15000 只
	山羊	600 只
	中蜂	250 群

续表

村	发展项目	数量
弘升村	脆红李	1500 亩
	漆树	1900 亩
	中药材	530 亩
	珍珠鸡、野鸡	30000 只
	肉牛	200 头
莲花村	中药材	1000 亩
	蔬菜	400 亩
	烤烟	300 亩
	生猪	2000 头
	豪猪	1000 头
	中蜂	300 群
	土鸡	2000 只

产业的合理规划使得各村的产业发展更加适合本村的发展条件，推动了贫困户的迅速增收，脱贫步伐加快。

4. 环境治理与村民自治结合

在三义乡整体环境规划治理上，整个乡的环境治理分为两大板块，即场镇与村落。场镇相当于各村的公共区域。三义乡基于先急后缓的原则，以先场镇后村落进行环境治理，实现对乡镇风貌的分批改造。首先场镇整体风貌改造成为具有苗族特色与风格，力争打造出独具一格的苗乡三义。其中按照打造特色苗乡旅游、增强餐馆接待能力的思路，场镇的餐饮行业率先进行风貌设计改造。同时增设垃圾桶、垃圾箱，不定期对街道进行冲洗，组织执法队进场对违章搭建、摆摊设点进行规范。

其次则逐步启动各个村民聚居点的风貌改造。主要是各村（社区）"两委"率领全村村民相继对居民住房进行排危、改厨、改厕、改圈，室外、庭院整治等方面，并以村为单位统计风貌改造情况（见表9）。

表9 三义乡某户不安全住房及人居环境改造信息

户主姓名	谢××	弘升村1组
部位	改造内容摘要	完成情况
排危	拆除重建	
	柱梁校正	
	小青瓦翻修	√
	墙板翻修、更换	
	楼板翻修、更换	
	楼梯翻修、更换	
	栏杆翻修、更换	
改厕所		
改厨房		√
改圈	圈舍	
	牲畜灶	
室内	厨房	
	卧室	
	客厅	
	其他房间	
庭院整治	庭院花台	√
	庭院栏杆	√
	院坝硬化	√
	人行道硬化	
	排水沟	√
	栅栏	
	附属物	√

三义乡在扶贫的过程中不仅重视通过产业发展实现居民的增收致富，而且将改善居民生活环境、提升居民生活质量作为扶贫阶段社会治理的重要内容。经过几年的扶贫搬迁，多数原来散居在偏远山区的贫困户搬到了政府的集中安置点，但居民原始的生活习惯仍然被保留，与现在集聚生活的环境不相适应，阻碍了居民生活质量与水平的提高。与此同时，村（社区）"两委"在扶贫具体工作中

主要起重要的引导作用，真正的主体仍然是村民。在环境治理方面，三义乡将环境治理与村（社区）"两委"具体工作相结合，将居民人居环境改善和村民生活自治相结合，发挥村民的主观能动性，在充分尊重村民自治权的基础上极大地改善了居民生活环境、提升了生活质量，最终居民生活获得感和幸福指数都得到很大提升。

除进行场镇环境的优化改善以外，三义乡还通过多样化的居民活动实现场镇风貌的改善，通过贫困户和居民的自治自理实现生活风貌的更新。

首先，许多村（社区）"两委"都组织开设了道德讲堂，采取"唱歌曲、诵经典、讲故事、学模范、做好事、送温暖"等方式，不仅提升村民爱护环境卫生的自觉意识，同时也是传播优良文化、营造良好乡风的有益之举。其次，针对非农户私人家庭的公共空间，利用志愿岗位与志愿服务者进行环境卫生的清理。一是组织发动公益性岗位及生态护林人员清扫公路去除杂草。二是大力开展各种公益志愿活动，如组织三义乡中心校小学生、贫困人员和相关村民开展场镇大清理等活动，让每个三义乡人民不论男女老少都参与到乡环境建设之中，提升其文明卫生素养。三是各村也组织成立专门的志愿服务组织，定期对每户居民的家庭环境卫生进行检查，对成果进行评定，评选卫生先进家庭并给予一定荣誉奖励，形成常态化的检查机制与鼓励制度，在全乡形成爱卫生、讲文明的整体氛围。

（二）中益乡"三变"改革之探

石柱县中益乡以产业发展实现居民增收为核心，通过经济体制改革、特色产业培育等进行扶贫攻坚，并辅之以电商扶贫、金融扶贫、法治扶贫、人才培养等多样化手段，实现脱贫攻坚模式的创新。

1. "三变"改革奠定体制基础

石柱县中益乡华溪村是重庆"三变"改革的试点村之一，经过这一农村集体产权制度改革的推动,华溪村的各项相关产业得到了迅速的发展,人民增收十分显著。

华溪村耕地面积3049.8亩,其中撂荒弃荒土地达60%以上。户籍人口542户、1466人,其中贫困户共87户、301人,贫困发生率约为20.53%;劳动力780人,外出务工520人,在家劳动力占全村人口的18%。全村以小农生产方式为主,土地资源未得到很好的利用,加上劳动力不足,不利于产业发展进而阻碍农户增收。

为此,中益乡开展了"资源变资产、资金变股金、农民变股东"的"三变"改革,通过盘活资源、用活资金、激活农民,促进农民增收、产业增效、生态增值。

首先,搭建改革平台。在有序开展清产核资、界定成员、量化确权的基础上,组建华溪村集体股份经济合作社,合作社运用产业资金和捐赠资金与部分村集体经济组织成员共同出资成立中益旅游开发有限公司,通过合作社有效组织农户,通过公司有效对接市场。

其次,开展合股联营。经丈量登记后,公司对全村1200亩在耕地和可利用荒地统一生产经营并占股80%,农户自愿以地入股占20%并享受保底分红;进而优选特色产业,按照"宜农宜旅、长短结合、套种间种"和"增收、蜜源、观光"综合效益原则,科学发展脆红李、脆桃、菊花、中蜂等产业,形成"三坪一谷"农旅发展产业布局;实施"扶贫车间"、农特产品销售、劳务服务等经营项目,着力构建1个村集体经济组织、1个公司、N个股份合作项目的"1+1+N"经营模式(见图2)。

再次,科学组织生产。公司按照定工序、定标准、定报酬的"三定"原则统一用工,同时对部分地块返包给农户经营,将原本小农经济状态下的农民转变为"职业农民"和"股份农民",有效提升零散劳动力的组织化程度,实现零碎土地的适度规模经营。

最后,规范分红方式。土地入股农户按项目利润20%进行第一次分红;中益旅游开发有限公司按项目利润的80%分红,分红收益按村集体与农户的持股比例进行第二次分红;村集体分红提取不低于20%的公积公益金后对村集体经济组织成员进行第三次分红。

"三变"改革创新了中益乡扶贫体制机制,通过"三变"改革,贫困户与村民收入实现了多样化与稳定性;同时通过经济组织的形式实现了扶贫的全流程推动,政府在其中主要起指导作用,是一个完全基于市场的扶贫发展模式。可以说,"三变"改革真正实现了贫困农户与贫困地区的内生发展动力的激发,探索出了贫困地区长效发展模式,实现了扶贫成果的可持续化。

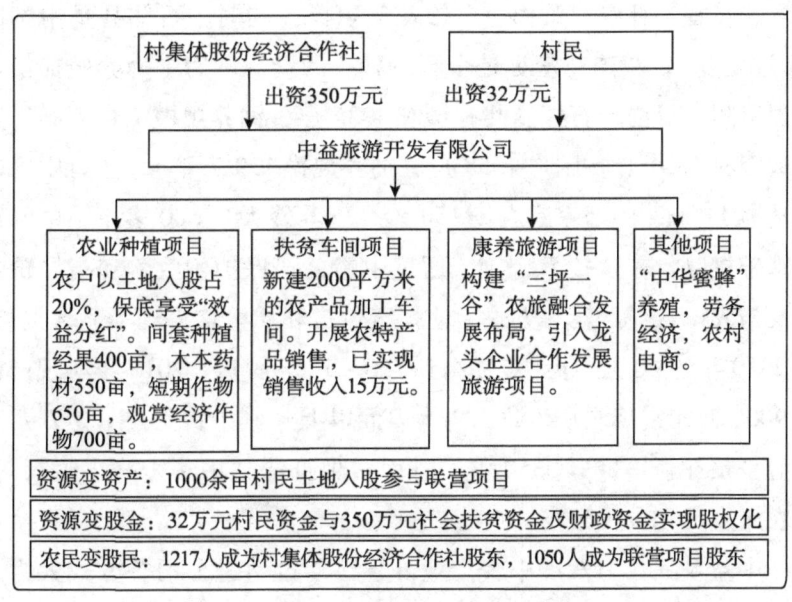

图2　中益乡"1+1+N"经营模式

2. 特色产业实现持续增收

中益乡过去土地零碎、劳动力匮乏,土地逐年撂荒,同时过去种植的玉米、水稻等传统农作物占比达90%,收益低,土地资源未得到很好的开发利用。因此,中益乡按照"宜农宜旅、长短结合"的原则,聚焦"中华蜜蜂小镇"主题,近期靠特色产业脱贫,长期靠农旅融合致富。

在特色产业发展上，中益乡重点发展中蜂产业。石柱县自然环境适合中蜂的养殖，境内群山连绵，沟壑纵横，以中、低山为主，兼有山原、丘陵，海拔均在119米以上，温和的气候、充足的阳光、丰沛的雨水，为中蜂养殖提供了有利条件。林地和园地面积315.6万亩，其中杂灌林约为200多万亩，可承载饲养20万群中蜂。蜜源植物资源极为丰富，其中灌木类有五倍子、刺老苞、乌饭、黄荆条、山乌桕、椿子、杜鹃、栾树等蜜源；草本类有地瓟、苕子、紫苜蓿、白刺花、薰衣草、紫云英等蜜源；野生药材类有党参、白术、桔梗、野菊、藿香、朴厚、黄柏、金银花等蜜源。同时，石柱县是中国的"黄连之乡"，黄连花蜜更是全国所独有的资源，为中蜂养殖提供了蜜源保障。目前，石柱县共有蜂农4926户，饲养规模7.6万群（其中贫困村76个、贫困户1558户、饲养规模1.9万群），亦有中蜂养殖基地11个，中蜂家庭农场150多个，养蜂大户500多个，中蜂产业基础雄厚，养殖技术完善。通过中蜂公司保护价收购和指导价销售及与农户合作经营等方式，使蜂蜜价格和质量均得到了显著提高，由2010年的40元/斤逐步提高到150~180元/斤，2016年实现产值近9000万元，蜂农户均收入1.5万元以上（其中贫困户1.3万元）。中益乡预计新增蜂群3350群，进而实现打造"中华蜜蜂小镇"，带动农旅发展和农民致富。

中益乡除大力发展中蜂产业外，还通过引进公司等方式大力发展中药材、经果等其他特色产业。引进涉农企业18家，发展中药材、脆红李等特色产业基地2.06万亩，采取代种代管、联养合作、土地和劳动力入股等方式覆盖贫困户537户。比如，锦垚公司发展脆红李2000亩，采取"股份合作、代种代管"方式，利用产业补助资金，为农户免费提供种苗，由农户栽种、全程管护三年后，对果树产生利润按农户70%、业主25%、村集体5%比例分红。泽泰专业合作社发展草本、木本药材6540亩，带动310户贫困户以土地和劳动力入股，企业以生产物资及技术指导、产品销售等入股，占

44%，全体种植户以土地和劳动力入股，占50%，村集体以组织生产、协调纠纷、争取政策等入股，占6%。引进巴渝民宿公司规划打造1.4万平方米民宿项目，与16户贫困户开展联营，农户以土地和危房改造、扶贫搬迁、乡村旅游、环境改善等扶贫资金入股，公司补足资金统一规范建设，分别按出资比例对房屋产权共享，保证每户人均25平方米自有住房，以房联营住宿收益按农户60%、公共事务基金10%、公司30%分配，餐饮及绿特产品销售收入归农户。

除大力发展特色产业实现贫困户短期增收以外，中益乡还大力发展农旅融合产业，其中中坪农旅融合发展项目便是典型代表。该项目是华溪村"三变"改革试点项目，总面积280亩，涉及农户105户、323人。项目紧靠场镇、缺门山、中华蜜蜂谷旅游项目区。在运行机制上，成立了中益旅游公司进行具体的生产经营活动，实现生产经营的专业化和现代化。旅游公司由村集体通过生产资料、资金等入股的方式占股80%实现控股，农户以地入股占股20%并享受无风险保底分红。目前项目正在进行坡耕地水土流失综合治理，实现土地"坡改平、小改大"，并确认农户权利；按照计划，遵循"宜农宜旅、长短结合、套种间种"原则，种植脆桃280亩，套种菊花260亩，拟养殖中蜂100群。在顺利实施后，预计土地每亩增收5000元以上，村集体增收50万元，农户通过土地入股分红、集体经济组织成员分红、务工收入户均可增收5000元以上。

3. 完善扶贫支撑体系

中益乡不仅重视通过产业实现贫困户的增收致富，同时也注重通过电商、金融、法治、人才等方面的措施实现扶贫的全面化与可持续性。

在电商扶贫上，中益乡建立"网络营销"模式，无缝对接市场。一是实施"电商富农贷"营销模式，让企业"以贷带农"。财政投入资金50万元，作为风险补偿金存入银行专户，银行向电商企业发放最高不超过风险补偿金 10 倍的"电商富农贷"借贷款,约定企业帮助贫困户销售农产品不低于融资总额的 80%,为重庆阅游科技有限公司贷款 50 万元,带动 50 个贫困户增收。二是实施"远山结亲"营销模式,让农民"在线增收"。引进重庆寻源记电子商务有限公司,创新实施"订制农场""智慧农场""电商蛋村"等远山结亲电商扶贫项目,帮助贫困户在线销售农副产品。建成"远山结亲"电商综合信息服务平台,与农户签订协议 800 户、成功结对 400 户,对签约"电商蛋村"项目的 100 户贫困户发放鸡苗 2000 只。三是实施"田间天猫"营销模式,让农民"坐地生财"。建立 1 个农村电商综合服务中心、6 个村级电商点和 8 个农产品网店,健全电商销售网络,结合客户网店消费的线上订单和消费习惯,组织贫困户线下订单式生产,建立有机水稻等农产品基地 100 亩,让农产品能顺利通过互联网销售出去。

在金融扶贫上,推行"政银企+贫困户"模式,增强造血功能。一是建立政银、政企风险共担机制。设立 1800 万元信贷风险补偿金专户,银行放大 10 倍向经营主体发放无抵押无担保的扶贫信用贷款;与市农业担保有限公司合作,按 1∶1 比例共建农业担保系,共注入风险补偿金 2200 万元、授信 2.2 亿元,用于支持农业龙头企业、种养殖大户、新型经营主体等贷款;与国家开发银行重庆分行签订《开发性金融助推石柱县及深度贫困乡中益乡脱贫攻坚合作协议》,围绕交通水利、生态旅游、特色产业、环境改善等开展合作,力争 2018—2020 年融资授信 8 亿元。二是创新"快农贷""欣农贷"系列金融产品。鼓励支持银行创新金融产品,满足中益乡龙头企业、新型经营主体、种养殖大户、贫困户等贷款需求。县农业银行创新"快农贷"产品,为 26 户贫困户和 1 家企业发放贷款 317 万元,企业带动 141 户贫困户增收;县中国银行富登村镇银行创新"欣农贷"系列产品,将集体土地、无产权农房、经营场所等作为抵押贷款,为贫困户、经营主体发放贷款 180 万元;县农村商业银行围绕"产加销"等产业发展各环节,创新"烤烟种植贷款""辣椒收购贷款""流动资金贷款""小企业便捷贷"等产品,扶持业主、贫困户发展产业,为31户贫困户发放贷款149万元。三是探索"惠农e通四融平台"模式。引导金融服务资源下沉,支持县农业银行依托村级服务中心或便民店建立"惠农e通四融平台",开展代理缴费、公众综合服务、网络融资、产品购销等服务,满足农村扶贫及贫困户基本金融需求,全乡7个村的"惠农e通四融平台"上线运行,累计交易12.6万元。

在法治扶贫上,开展"五个一"活动,强化社会治理。一是聘请一名法律顾问。引导社会力量参与脱贫攻坚工作,聘请重庆舒义律师事务所1名律师作为政府法律顾问,为脱贫攻坚工作中的矛盾纠纷提供法律咨询服务,引导群众依法维权。二是培养一批法律明白人。发挥法律顾问作用,采取院坝会、以案释法等群众喜闻乐见、生动形象的方式,进村入户开展法治宣讲14场次,受众1500人次,培育一批看得懂法律、讲得出道理、用得来政策的农村实用法律人才。三是完善一个村规民约。驻村第一书记协同驻村帮扶单位、法律顾问等成员,指导配合村两委围绕社会公德、传统美德和公民义务等内容修订完善村规民约,组织70名村民代表参加村规民约大讨论活动,于2017年6月开始实施,做深做细脱贫攻坚群众工作。四是建立一种维权机制。推动法律顾问进驻公共服务中心,设立村级调解员,构建横向到边、纵向到底的调解网络,分类实施诉讼援助、非诉讼调解和诉调对接机制,引导群众理性维权。五是化解一批矛盾纠纷。结合脱贫攻坚工作开展矛盾纠纷排查化解专项行动,解决群众生产生活中久拖未决的矛盾纠纷12件,确保扶贫政策精准落地,扶贫项目顺利实施。

在人才建设方面,中益乡十分重视新一代人才的培养和使用。一是拓宽渠道,搭建发挥才能平台。通过为本土人才提供政策优惠、技术支持、创业培训等,帮助所有本土人才创业,力争让每名本土人才都能有一份副业,将本土人才的心留在本地。到目前为止,在各种激励机制下,中益乡本土人才已经发展红腹鸡特色养殖场1家、"黄水人家"特色农家乐1家、特色餐馆1家。二是加大力度,培养村级干部后备军。中益乡村级干部普遍存在着年龄偏大,电子办公不熟练的问题,为此中益乡立足长远,真心用情将本土人才当成未来村主要干部予以培养,通过将本土人才选为村"两委"成员,激励本土人才发挥年轻为壮、敢打敢拼的优势,创新工作机制,鼓励他们敢于向"老一辈"村两委干部发起"挑战",通过参加村两委班子选举等方式,提前"上位",在去年(2018年)村"两委"换届选举中,4名本土人才参加了选举,其中3名本土人才被成功选入村"两委"班子,1名本土人才还担任了村综合服务专干。三是强化多元培训,提升素质能力。充分利用县、乡两级资源,开展业务能力、技能知识培训,拓展素质能力;特别是利用县扶贫办"雨露培训"计划,组织实施了以培养本土人才和村干部"带头致富能力强,带领群众致富能力强"为目标的活动,分层次、分阶段对8名本土人才进行了培训,提升了他们中蜂养殖、石蛙养殖、肉鸡养殖技术。四是围绕人才培养计划,促进人才成长。为全面提高中益乡农村基层干部队伍整体素质,中益乡对8名本土人才进行了入户调查摸底,掌握基本情况,建立人才信息台账,村书记、主任以"师带徒"形式,实行"一对一"传帮带,指导其开展农村工作和处理实际问题,切实增强后备干部实践能力。为顺利推进该项工作,乡政府还建立了工作制度和考核制度,对这些入职锻炼村干部实行制度化管理。

(三)鸡鸣乡"文化治理"之试

鸡鸣乡所处山区,发展战略是产业生态化、生态产业化,以让每户贫困家庭一项及以上持续增收产业为目标,实行"公司+合作社+基地+农户"发展模式，因地制宜设计产业扶持计划，充分落实产业扶贫资金达475万元，大力发展畜牧、干果、中药材、茶叶等农林特色产业，以及农村电商、乡村旅游两大扶贫优势产业，推进分置贫困村"三权"（农村土地所有权、承包权、经营权）和改革农村产权制度。通过加大资金支持力度、开展技术指导等方式，基本形成了"一村一品"的产业发展格局。与此同时，鸡鸣乡也大力发展光伏和旅游产业，着力构建"1+3+X"产业格局，其中"1"即禅茶旅游产业，"3"是光伏、中药材、茶叶产业，"X"则为山地鸡、生猪、山羊产业。通过2~3年的努力，把鸡鸣乡打造成禅茶旅游生态小镇、光伏扶贫示范小镇和智慧农村特色小镇。

鸡鸣乡在脱贫攻坚工作中，不但注重物质上的扶贫，更注重精神和文化上的扶贫，通过乡贤文化引领乡村文明建设，推动乡村振兴，同时积极开展各种形式的特色文化活动以弘扬正能量。既能满足群众，特别是贫困户的精神文化需求，又可激发其奋斗热情，实现了乡村社会的文化治理，助力脱贫攻坚。

1. 乡贤文化带动乡村文明建设

每一个乡村都有自己独特的地方文化，乡贤文化更是具有悠久而深厚的历史发展根基，这个根基就是我国优秀的传统文化及其精神，是深深根植于乡村发展的中华文明，其在感染力、凝聚力等方面蕴藏着巨大的能量。作为凝聚村民物质力量与精神风尚、连接乡风乡情的纽带力量，乡贤文化是农村地区美好特质与优秀品德的集中表现，对于推崇善行、传承优秀中国传统文化，营造文明乡风，促进乡村精神文明建设，发挥着较强的文化教化作用。

鸡鸣乡民风淳朴，能人辈出，乡政府领导准确把握了乡贤在乡村脱贫攻坚中的感染、说服与带领作用，于2017年11月组织开展了"新乡贤"评选活动，通过广泛宣传动员群众参与，共推选出21名乡贤候选人，通过随机走访调查、公示栏公示等形式广泛征求群众意见，最终评选出以苏文泉为代表的12名乡民邻里间威望高、口碑好、有德行、有才能、有声望，深受民众尊重的"新乡贤"（见表10）。新乡贤评选出来后，为提升乡贤在民众当中的影响力，发挥乡贤在文化扶贫中的重要作用，鸡鸣乡充分利用宣传栏、微信、QQ等宣传阵地，对评选出的"新乡贤"广泛深入宣传，在全乡范围内形成了浓厚的乡贤文化氛围。由于所选乡贤大多数是为鸡鸣乡的经济和社会发展做出过突出贡献的人，本身就在群众中有一定声望，群众接受度极高，再经过此次网络和实体的全方位宣传，乡贤们在鸡鸣乡几乎是家喻户晓，为更好更顺利地落实扶贫政策，建设乡村文明奠定了重要基础。

表10 鸡鸣乡乡贤简介

姓名	简介
苏××	现居住在鸡鸣社区，在担任县人大代表期间为地方经济、交通、教育、农业科技等各项事业发展积极建言献策，对社会公益事业全身心投入和付出，已进入古稀之年，仍继续奉献晚霞余热，积极参与高速公路土地征收、房屋拆迁和坟墓搬迁工作，尽自己的能力去化解各类矛盾纠纷，为全乡高速公路征地拆迁工作的顺利推进做出了重要贡献。他自始至终严格要求自己，始终保持一个共产党员的先进性、代表性，把为人民服务的宗旨时刻放在心上，落到行动上。
陈××	现居住灯梁村4组，现任城口县峰荣中药材开发有限公司董事长，为人耿直、作风正派，致富不忘家乡是乡里人对他的评价。通过几年的发展，建立起天麻、云木香等中药材基地，带动周边几十户农民种植中药材500余亩，解决当地60余名农户的就业问题。2017年，每户均增收2万余元，实实在在为老百姓谋福利。
张××	现居住在灯梁村4组，原任灯梁村党支部书记，离任后，在家发展种养殖业。发展起中药材10余亩，山羊1000余只，中蜂20余桶，在全村脱贫致富中起到了示范带头作用。他生活简朴、敢于担当、团结邻里、乐于助人，在全村拥有很高威望，得到全乡村民一致好评。

续表

姓名	简介
刘××	现居住在茶坪村1组，1970—1976年在部队服役。复员后，1976—1995年在鸡鸣乡茶坪村担任党支部书记兼村会计等职务。任职期间始终坚持围绕党委政府中心工作，兢兢业业、任劳任怨，处处为全村百姓着想，时时刻刻想着为村民谋福利，舍小家为大家，为本村发展无私奉献。自1996年至今，他一直从事乡村医生工作。
黄××	现居住双坪村2组，一个用自己勤劳双手脱贫致富的人。他通过养殖中蜂50余桶，年收入数万元，让自己实现了脱贫致富。同时，他作为一名共产党员，始终坚持不忘初心、牢记使命，时刻以共产党员的标准严格要求自己，积极主动宣传党和国家的政策，带领村民踏实勤干、不等不靠，用自己的双手闯出一片天地，起到了良好的表率作用。
杨××	现居住金岩村9组，一位勤劳能干的农村妇女，通情达理，孝敬老人，心地善良，乐于助人。由于丈夫平时工作繁忙，剩下她一个人操持着整个家，把家庭的重任扛在肩上。积极的心态成为她面对一切困难的"有力武器"，她把邻里院外、房前屋后都打理得井井有条，邻里之间都被她的"魅力"所感染，在邻里之间起到了很好的示范作用。
周××	现居住祝乐村1组，共产党员，曾先后担任祝乐村村主任、支部书记等职务。对党忠诚，大力支持村"两委"工作，舍己为公，为人厚道，曾经用自己的钱无偿出资给祝乐村，用于维修祝乐一组的村级公路，这一善举，得到了全村村民的一致好评。
张××	现居住双坪村1组，思想素质高，作风正派，品质纯洁，言语文明，行为谦恭，在广大群众中树立了良好形象。曾担任双坪村支部书记，现在是双坪村义务监督员。工作中，他全力支持村"两委"各项工作，积极宣传党委政府的各项政策措施，带头执行各项工作安排，积极配合，主动作为。生活中，还大力发展山地鸡、生猪养殖，依靠自己的双手致富奔小康。

续表

姓名	简介
向××	现居住鸡鸣社区，1978年参加工作，曾担任明通供销社营业员，多次获得单位先进个人称号，2004年起在鸡鸣茶厂担任出纳、销售和伙食团团长等多项职务。几十年间，他为企业、为社会尽职尽责，做了大量有益的工作，他爱工作、爱同事，努力用真挚的友情感染着这个有着共同追求的集体，在全乡上下起到了示范带头作用。
张××	现居住祝乐村3组，共产党员，曾任祝乐村村主任和支部书记，担任村干部期间，热心本职工作，处事公道，团结邻里，他一直是一个用真诚对待村民的阳光干部。离任后，他热心公益事业，曾牵头带领村民修建祝乐村三社公路，全长2公里，为村民便利安全出行做出了重大贡献。
沈××	现居住金岩村9组，共产党员，高素质、高觉悟，积极参加党员大会，绝不错过一次，会上还积极建言献策。身为合作社社长，处处为社员着想，关心社员生活，带动社员发展生产，在乡里种植有数十亩中药材，起到了很好的示范带头作用。
王××	现居住金岩村2组，一名普通的理发店经理，剪发是他谋生的本领，但他又有一颗不安分的心，想为自己的家乡奉献一份力量。2014年，通过公开透明的选举，他被选出担任金岩村2社社长。工作中，他发挥出自己的个人优势，较强的沟通协调能力、团结群众、共同进步，始终把群众心里想的、嘴上说的放在心上，主动为民排忧解难，带领群众积极发展特色产业，得到了广大群众的一致好评。

调研发现，诸多农户对苏文泉、刘云瑞等乡贤的事迹都十分清楚，同时也对其表现出十分敬佩，通过乡贤文化实现精神扶贫的效果显著，具体体现在以下两个方面。

一是鸡鸣乡的乡贤群体受到传统优秀文化的陶冶，文化水平相对较高，在还原鸡鸣乡发展历史、补充相关文献、修复文物等文化资源的保存上发挥着重要作用，有助于传承鸡鸣乡的历史文脉，保护鸡鸣乡的文化发展根基。

二是鸡鸣乡的乡贤群体们在坚守优秀地方传统文化的同时，也保持着与社会主义核心价值观的一致性，是贫困地区进行文化治理、建设文明鸡鸣的坚实力量。乡贤文化的模范作用为村民群众树立了良好的榜样，通过潜移默化的方式，将社会主义核心价值观根植于村民的心里，并带领村民共同投身于社会主义核心价值观的践行与建设当中。

鸡鸣乡政府立足于传统文化与民风民俗，结合新时代的要求，将社会主义核心价值观的精神内涵融入新时代的村规民约当中，并在全乡范围内张榜公示，让所有的群众都了解到并自觉主动遵守。村规民约涉及了村民生活的方方面面，成为了村民和贫困户日常生活行为的基本道德准则与规范。其村规民约如下：

定民约立村规，要遵守要牢记；树新风传正气，破陈规除陋习；爱国家护集体，跟党走志不移；不赌博禁恶习，重科学守法律；干事业守规矩，谋发展心要齐；勤劳动多学习，讲贡献不贪利；讲卫生美环境，护生态保长利；讲文明守礼仪，宽待人严自己；家和谐睦邻里，互帮互助如兄弟；倡晚婚讲优育，生二孩有福气；敬老人尊伦理，爱晚辈重教育；好男儿勇服役，戍边疆保社稷；爱公物胜自己，莫损坏多爱惜；红白事不奢靡，要从简不挑剔；倒垃圾不随意，砖瓦柴摆整齐；此条约大家立，执行好都受益。

鸡鸣乡的新乡贤拥有前瞻性的视野和与时俱进、开拓创新的时代精神，主动参与到乡村经济建设当中，鼓励村民劳动脱贫、创业致富，激发贫困地区内生脱贫动力，实现了乡贤文化的经济扶贫价值。

鸡鸣乡政府积极组织地方乡贤参与 G69 银百高速公路征地拆迁各项工作，共完成 99 户 131.757 亩永久性土地征收，87.7508 亩临时用地征收，22 户房屋拆迁，76 座坟墓迁移，协助乡高速公路工作组圆满完成了全乡高速公路地拆迁各项目标任务；乡贤群体是带头致富的第一人，积极响应政府的号召，通过种植中药材、养殖蜜蜂等方式不仅实现了自身脱贫致富，也为村民创造了就业机会，激发了村民投身经济建设的热情；同时乡贤积极参与扶贫工作，过去政府出面无法搬迁的诸多贫困户，在经过乡贤的劝说下最终同意了政府的扶贫搬迁措施。另外，乡贤也是连接政府与贫困户及其他民众的有力纽带，宣传政府扶贫政策、解答群众疑问，防止群众因为不了解政策初衷和操作环节而对政策结果产生误解，形成良性治理。

鸡鸣乡探索的乡贤文化治理模式以植根乡土的乡贤文化为核心，以"新乡贤"为载体，实现乡土正能量的传播，不仅是乡村文化治理的有益尝试，乡村文化振兴的有力推手，同时也对助推脱贫攻坚意义巨大。

2. 先进评选培育文明乡风

文化是脱贫攻坚的软实力，为充分激发全乡群众尤其是贫困户脱贫致富内生动力，鸡鸣乡开展了乡里先进个人和家庭的评选活动，通过举办"身边的脱贫故事"微访谈活动、"鸡鸣最美家庭"和"脱贫光荣户""卫生之家"等评选表彰活动，用身边榜样力量激发更多贫困群众努力提振精气神，坚持不等、不靠、不要，用自己的行动脱贫致富，摘掉穷帽、拔掉穷根。调研中有脱贫光荣户也表示虽然现在政策都很好，但是想要脱贫还是要靠自己努力，国家难以对每户都面面俱到，更不应该把钱直接给贫困户助长他们的"等、靠、要"思想，政府只需要给贫困户提供更多的机会和政策支持就好了。在搬迁安置点，也有获得卫生之家的贫困户表示以前住在山上的时候有很多不好的生活习惯，到了移民安置点后看到了村规民约，并主动遵守了，自觉改掉了以前不爱卫生的诸多不好习惯，因而得到了政府和乡亲邻里的肯定，被评为卫生之家，以后也会继续努力爱护良好的生活环境。先进个人与家庭的评选让良好的文明乡风在鸡鸣乡蔚然成风，贫困乡村也实现了良好的文化治理。

3. 文化文艺活动助推脱贫攻坚

除了发挥乡贤群体和先进个人以及家庭的模范带头作用，作为乡村文化治理的尝试，鸡鸣乡还通过多样化的文化活动带动贫困户脱贫，为全乡的脱贫攻坚提供助力。通过各种形式的文艺活动，既保障了贫困户的文化权益，同时又将众多与脱贫攻坚有关的价值认知涵盖在文艺活动之中，进而激发群众自主脱贫的意识和动力，为脱贫攻坚提供软支持。

2017年8月16日下午，由县委宣传部、县文化委联合举办的"2017年城口县'巴山大舞台'送文化下乡，精准扶贫巡演"走进鸡鸣，为当地群众送上了一份丰盛的文化大餐。此次巡演紧扣"精准扶贫"主题，演出节目内容丰富、形式多样，有精彩的歌舞表演《希望在田野上》《春天芭蕾》，有诙谐幽默的情景剧小品《脱贫》《办寿宴》《圆梦》，有铿锵有力的三句半快板《胜利在眼前》《家庭文明树新风》，一道道精心编排的节目丰富了当地群众的精神文化生活，潜移默化地宣传了当前的精准扶贫政策，再现了全县目前在精准扶贫工作取得的成就。"非常有意义"，"脱贫不能等靠要嘛"，"我们在家门口就能看到这么精彩的演出，希望以后多演出几次"……不少观众在看完演出后纷纷感言。

2018年5月末，"不忘初心怀感恩　凝心聚力志脱贫"文艺汇演活动在鸡鸣乡中心小学隆重举行。县老体协、鸡鸣乡中心小学用自编自演的精彩节目，引导贫困户不等不靠不要，鼓励他们在脱贫路上充分发挥内生动力，靠自己脱贫致富奔小康。演出中，诸如小品《懒媳变能人》、朗诵《少年中国说》、快板《三大攻坚战》、手语操《感恩的心》等与脱贫攻坚有关的主题，通过极具趣味性的表演，紧扣"不忘初心怀感恩　凝心聚力志脱贫"主题。精彩的节目形式和表演内容，全面提振全乡群众精气神，实现了文化为脱贫攻坚助力。

通过这样一系列的文化文艺表演活动，既能丰富群众的精神文化生活，又能激发贫困群众脱贫致富的动力，形成脱贫攻坚的强大合力，营造全面打赢脱贫攻坚战的良好氛围。

第二节 深度贫困乡镇扶贫存在的问题

（一）扶贫规划落地较为困难

2017年9月29日，重庆市召开深度贫困乡镇脱贫攻坚规划专家咨询评估会，18个深度贫困乡镇就如何脱贫进行了攻坚规划汇报，市发改委、市规划局、市交委、市国土房管局、市城乡建委、市农委等14个市级部门的专家以及深度贫困乡镇所属区县分管副县长、18个深度贫困乡镇乡（镇）长、各驻乡镇工作队队长、市扶贫办各相关处室负责人参加了会议。18个深度贫困乡镇的脱贫攻坚规划各有特色：有的规划重点发展特色旅游，有的规划重点打造特色产业等。一切从实际出发，注重"输血式"向"造血式"转变，形成良性循环，降低返贫率。各乡镇规划立足于村镇实际加以制定，部分乡镇为确保规划的高质量还借助了高校的力量，因而规划制作大多十分精美。

但在调研过程中发现，规划的最终落地却并非一帆风顺。专业人才的缺乏使得很多涉及技术性的规划内容被暂时搁置甚至是搁浅，众多的旅游规划项目可能因为资金不足而无法实现，还有很多产业项目则因为实际上根本不适宜在本地发展而无法得到落实。实际上，目前阶段深度贫困乡镇脱贫攻坚的主要抓手仍然落到了发展各色各样的种养殖业，难以形成完整的产业链条并发展其他各色产业。深度贫困乡镇长远和整体的发展与振兴，还需要立足于市场经济的规律，从完善基础做起，扎实推进，而不是快马加鞭实现效益指标的短期优化。

（二）扶贫产业带动能力较弱

产业发展是深度贫困乡镇产摆脱贫困，实现永续发展的根本基础性工程，深度贫困乡镇产业对贫困群体脱贫的带动能力直接影响着脱贫攻坚的进程和成效，但现实中却存在着贫困乡镇发展的产业对贫困群体脱贫致富带动能力较差的情形。

现阶段贫困乡镇发展的产业普遍规模较小且经营分散，对劳动力需求较为有限。诸多贫困户借助扶贫支持政策办起了家庭种养殖，但这类主要以家庭为单位的种养殖业基本上只能解决一家一户的贫困问题，较少需要外界劳动力的参与，无法带动更多的贫困户一同脱贫致富。而且，每个家庭种养殖的发展都需要国家投入一定的资金、配套政策支持，政策效力较差。此外，在深度贫困乡镇也存在着较多的由本地较为杰出人士兴办的民办企业，与家庭种养殖相比具有一定的规模效应，对劳动力的需求也更高，带动脱贫成效也更为显著。但这些企业大多数所从事的是农产品加工，原料大多来自地方农产品，对劳动力需求具有时效性，仅在农产品产出的时间可以形成对贫困户的带动，一年中的其他时间作用显著下降。加上这类企业出于接近市场、降低自身运营成本等因素的考虑，大多数选择将企业设立在场镇边缘或主要交通干道附近，而大多数深度贫困农户则居住在距离较远的大山深处，前往打工需要很久的路程，费时费力且工资也较为微薄，出于机会成本和收益的综合考量，很多贫困户宁愿自己在家多种几天庄稼也不会选择去企业里打工。

很多深度贫困乡镇为更好带动贫困群体参与到脱贫攻坚进程中，大力发展了各种集体经济组织来实现产业发展，但问题在于集体经济组织对贫困户的吸纳存在一定的限制。一方面，在成员资格的设定上，集体经济组织要求成员必须是某个村民小组成员才能参与其中，而有些村民小组由于居住分散、经济实力较弱很难成立集体经济组织来进行更大规模的产业发展，这就在一开始就使得很多的深度贫困户无法参与到集体经济组织当中去。另一方面，集体经济组织入股往往需要资金、土地、劳务等各种形式来实现入股，可现实却是居住在大山深处的诸多贫困户没资金，土地也在住房周围，无法被集体经济组织利用，劳务入股则由于与产业相距较远代价昂贵，最终集体经济组织难以实现对深度贫困群体的有效带动。

（三）扶贫项目成为面子工程

旅游扶贫成为当下很多地方扶贫的重要手段，尤其是对深度贫困地区来说，由于自然条件恶劣、各种发展条件不足，旅游对资源要求较小，因而成为了这些地方脱贫方式的首选。但有些地方在做贫困地区旅游项目的时候，过于注重项目的形象和外观，而没能对项目的具体内容进行详尽和科学的规划，导致项目只是面子上好看，实际上并不能吸引游客前来旅游，进而也不能给深度贫困地区带来收入。相反，白白耗费了国家辛苦投入的扶贫资金，影响了这些地方的最终扶贫成效。例如，有的地方为了发展旅游业并不事先进行完整的旅游发展规划和项目可行性分析，只是凭着地方领导的主观认知便投入较多的人力物力财力将居民房屋外部进行粉刷装饰，对道路绿植进行艺术设计和美化，打造出一个小范围的特色景点，但这些实际上都只是外观的美化，缺乏其他配套设施的辅助，对村民尤其是贫困对象增收效益十分微小。

旅游是一项十分复杂的产业项目，除了吸引游客的景点之外，最重要的还是配套产业诸如餐饮、住宿、娱乐设施等的建设，这样才能真正带来收益，紧靠景观的打造并不具备吸引外来消费的能力。地方官员往往抱着出政绩的心态来搞旅游项目，面子工程一建成便可看得见，也十分方便应付上级的各种视察和考核，比实实在在搞产业、抓收入要简单快捷得多。但这种旅游项目丝毫不具备可持续增收的能力，最大的效益也就是在建时居民可以打工增收，建好后的一两天周边游客前来看一下，一开始的新鲜感一过后续就不会再有任何作用，这与"造血式"扶贫开发的宗旨大相径庭。

（四）贫困地区与外界市场联系较弱

深度贫困乡镇大多处于大山深处，往往交通不便，与外界联系较少，因而深度贫困乡镇的农产品很难便利地销售到外部市场。随着脱贫攻坚的逐渐展开，政府各种帮扶政策的出台使得贫困山区的产品也可以较为容易地销售出去了。但在具体操作中，地方政府主动帮助销售的往往是集体经济组织和地方企业生产的农产品，而深度贫困乡镇还存在着众多的家庭种养殖户，他们的农产品没有在政府的扶持之列，因而在外部市场之中并没有与集体经济组织和企业享有平等的市场竞争地位，还是面向贫困乡镇甚至只是邻里亲戚这一狭窄的小市场。近年来，由于政府扶持措施的不断加大，家庭种养殖户不断增多，而且各自的规模也有扩大的趋势，生产能力增强但市场却并没有相应增加，反而愈显饱和，因而出现了家庭种养殖业产品滞销的情况，严重的甚至导致主办农户难以收回成本而濒临破产。

近年来，随着电商的不断发展，电商扶贫这一模式也被很多地方加以推行，在传统的销售渠道难以作用到深居大山的深度贫困地区时，电商这一新兴高效销售渠道被地方政府所青睐。但实际上，电商扶贫并未像预想的那样成效显著。一方面，电商市场经过了多年的发展，早已不再是过去在电商平台上随便开家店就可以盈利的地方，早已经形成了包括品牌、营销、服务、售后等在内的一套完整的销售产业链，而深度贫困乡镇专业人才缺乏，市场竞争意识不足，营销创意能力更是较差，加上没有充足的资金进行产品和品牌的宣传介绍，无法在竞争激烈的电商市场中取得一席之地。现实中，众多深度贫困乡镇的电商销售网点都门庭冷落。在销售深度贫困乡镇农产品不力的情况下，电商销售网点实际上更多扮演的是另一个角色，那就是帮助深度贫困乡镇的居民购买外界市场的优质产品，在一定程度上赚取贫困乡镇的利润。

（五）易地扶贫搬迁效益有限

针对深居山区的深度贫困户，由于其居住分散、贫困程度深、自我发展能力较差，对其进行针对性的扶贫成本十分高昂而收效却十分微小，因而最好的选择是对其进行易地搬迁，将其搬迁到发展条件较好的地区，再进行针对性的帮扶。但易地搬迁过程中也出现了诸多的问题，致使易地搬迁扶贫这一理论上十分有效的扶贫措施丧失了一部分效力。

首先，易地扶贫搬迁过程中存在住房建设费用的问题。居住深山的深度贫困户家庭储蓄率极低，部分甚至没有任何家庭储蓄，加上生存环境的恶劣，少部分人群可能由于常年医疗费用等已经负债，此时对其进行易地搬迁显然大部分群体是无法承担住房和搬迁费用的，或者只能向亲戚朋友借款，易地搬迁短期内反而加重了其家庭债务负担。与此同时，深度贫困乡镇由于贫困率较高，深度贫困人群数量较大，搬迁需求也较高，地方财政无法承担这笔巨大的住房建设与搬迁费用，因而如何解决这一易地搬迁的矛盾也是推进扶贫攻坚的工作之一。易地扶贫搬迁在加重贫困户家庭债务负担的同时，也在一定程度上导致了其生活成本的上升。易地搬迁群体过去居住在山区，依靠自给自足的小农经济模式运行，生活成本较低甚至几乎为零。但是搬迁到乡镇的集中安置点以后，贫困户远离了自己的田地，无法通过自己种植粮食蔬菜和饲养家畜维持生活，只能选择购买食物，同时生活的电费、水费、气费都将迅速增加其生活成本。贫困户即使想要回到老家从事种养殖业由于路途较远也十分困难，工作效率也较低，加上各种野生动物侵害收成微薄。同时，由于场镇本身经济发展程度也较低，没有支柱性的企业提供足够的就业机会，加上贫困户自身缺乏相应的工作技能，很难在镇上进行就业，因而搬迁后的生活依然较为困难。

其次，移民安置点的管理也存在诸多需要解决的问题。易地扶贫安置点往往是乡里统一选定安置，因此全乡不同村的贫困人口都可能被集中安置到一起，这些原本隶属于不同村里的人员现在在地理上集中居住到了一起，如何实现行政管理的变化，对这批贫困户进行新的有效的管理也是一大难题，部分深度贫困乡镇仍然按照贫困户原来隶属的村进行管辖，这在一定程度上加大了村干部的管理难度。此外，这些原本可能素不相识的贫困户现在忽然居住到了一起，实现了空间位置的集中，但他们如何很好地相互熟悉、互相接受，最终形成一个新的社区，这也是易地扶贫搬迁安置点社会治理的重要问题。

（六）扶贫需求增加与扶贫干部能力矛盾凸显

随着精准扶贫工作的全面开展，扶贫从过去的"输血式"扶贫转变到了现在的"造血式"扶贫，扶贫工作涉及深度贫困乡镇的方方面面，同时各种新兴的扶贫模式也层出不穷，交通扶贫、产业扶贫、旅游扶贫、电商扶贫、文化扶贫等纷至沓来。每种新兴的扶贫模式都需要与之相对应的政策措施、专业知识技能，而地方扶贫干部大多数并不具备如此之多的专业知识与技能，这就导致其在具体执行之时难免使得政策的初衷有所偏移，扶贫效果也可能不尽如人意。而且地方扶贫干部大多数是年纪较大的地方老干部，除本身缺乏相关专业知识技能外，学习和接受很多新事物的能力也有限，而贫困地方由于各种条件的限制使得年轻一代的人才不愿意前往和留在本地区，这也使得很多新政策难以十分有效地开展。以旅游扶贫为例,有深度贫困乡镇想通过发展民宿来带动脱贫,但扶贫干部表示自己也不知道什么是民宿,以及如何发展这个产业,在向贫困户介绍这一政策时也经常是被贫困户问住而回答不了,执行起来较为困难。

此外,各种接待也使得扶贫干部难以将所有时间精力都放在扶贫之上。随着脱贫攻坚进入后期,深度贫困乡镇作为贫困发生率高、贫困人口占比高、贫困村占比高的地区,自然而然成为各级政府和领导重点关心的地区,因而各级领导的视察也较多。有村干部表示,其乡政府每个月都要接待好几个领导前来视察,每个领导前来视察都要提前做准备,如打扫卫生、布置庭院等,几乎是整个乡都围绕着领导转,偶尔还会有领导因为一些原因不能前来,不仅当前的准备工作白费了,而且后面再来又要进行同样的准备。加上贫困乡镇扶贫干部本来就人手较少,这样就在一定程度上加重了扶贫干部的工作压力。除接待各种领导视察,各种扶贫单位的接洽也是十分繁重的工作。现阶段,一个乡镇可能要对接市里和其他地区的对口帮扶单位十余家,高峰时期每天都有单位要到乡镇政府接洽扶贫事宜,镇政府和扶贫干部应接不暇。

政策多样,领导视察频繁,各种扶贫事宜的接洽,加上还要对下面的贫困群众负责,尽力提高群众满意度,扶贫干部工作压力也较大。

(七)其他扶贫问题

1. 贫困户不合理需求增长

扶贫虽然已经进入"造血式"扶贫的新阶段,但过去长期"输血式"扶贫时期遗留下来的问题依然有所存在,并给"造血式"扶贫的开展带来了一定的阻力。目前仍然有部分群众存在着较多的"等、靠、要"思想,同时对扶贫政策和扶贫干部工作的满意度随着扶贫力度的加大反而有所下降。调研中,有扶贫干部表示三年前给贫困户补助200元贫困户十分感激,再过一年贫困户面对200元便很平淡,到现在甚至有看不起200元补助的情况。群众的很多需求都提升了,这不仅使得扶贫政策效力减弱,更重要的是贫困户"等、靠、要"思想一旦形成,对扶贫工作的进展十分不利,同时也给扶贫干部心理上造成了巨大的压力,产生了无法让群众一直满意的想法,降低扶贫攻坚的士气。

2. 生态保护与扶贫冲突

深度贫困地区多数处于山区,坡度大,土壤薄,经过贫困户多年的种养殖业的开发,生态环境也已经受到了一定的破坏。农户的燃料均是直接通过砍伐树木,加上部分地区存在着伐木带来收入的现象,生态环境破坏进一步加剧,已经有较多地区出现了一定程度的水土流失。季风气候地区夏季多暴雨,水土流失加剧,裸露地表出现了滑坡、泥石流等自然灾害,对贫困户生命财产带来一定的威胁,因而贫困地区的生态保护形势也较为严峻。

但生态保护也可能存在与扶贫之间的矛盾。部分地区在制定了产业帮扶措施(养殖、种植)之后,该片区划定为生态保护区,禁止一切人类活动,导致原有的帮扶项目拆除,浪费了扶贫资源,并且划定保护区之后对贫困群众的利益缺乏后续保护。保护区内的贫困户脱贫致富几乎只能通过易地扶贫搬迁来实现,这也就给易地扶贫搬迁带来了巨大的压力,易地扶贫搬迁之中的问题又被加重,成为了政府必须解决的新问题。

3. 贫困户对扶贫政策了解不够

随着政府扶贫力度的加大,各种扶贫政策层出不穷,这对扶贫干部向贫困户讲解有关政策带来了巨大的压力。加上贫困户大多数文化程度不高,有些甚至是文盲,对很多政策也难以理解,政策效力有可能被减弱,扶贫成效也可能会被降低。调研中,有贫困户不知道政府已经为其养殖牲畜购买了保险，在牲畜意外死亡后没有及时去申请理赔，因而导致了此次损失由其自己承担，这就使得政府设立保险制度为贫困户降低收入风险的初衷落空。此外，政策初衷和目的不能被贫困户和人民群众所理解也极易在扶贫之中激发新矛盾的产生，调研中便有被评为建档立卡贫困户的群众对享受低保户的群众表示不满意，因为低保户有定期补助而建卡贫困户没有。如何让政策更好地被贫困户所知晓、了解和利用，是政府深度贫困乡镇扶贫中的一大难题。

第六章 长效之路：深度贫困乡镇扶贫治理模式

第一节 创立现代化特色产业发展模式

（一）改变产业经营模式

1. 树立包容性增长理念

包容性增长最早由亚洲开发银行提出。2005年，亚洲开发银行经济研究局和驻中国代表处联合开展了"以共享式增长促进社会和谐"的研究，林毅夫、樊纲等中国经济学家参与其中。研究成果《以共享式增长促进社会和谐》一书于2007年出版，该书较系统地阐述了"包容性增长"理念。[1] 亚洲开发银行于2007年以"新亚太地区的包容性增长与贫困减除"为主题举行国际研讨会，会议明确提出增长必须具备包容性、可持续性以及更为民众所认同。可见包

---

[1] 杜志雄，肖卫东，詹琳. 包容性增长理论的脉络、要义与政策内涵 [J]. 社会科学管理与评论，2010 (4)：41-53，112.

容性增长理论的提出就与扶贫减贫有着密不可分的联系。实际上，包容性增长理论强调增长应该是公平、可持续和为民众所认可的，通过制度的设计来实现经济的增长和机会的平等，最终使得低收入群体从增长中受益，同时也实现增长的可持续性。包容性增长应该是普惠式的经济增长模式，其发展过程与结果都应该使更多人参与其中并获益，尤其是社会贫困群体，因为这部分群体在过去经济增长过程之中，经历了社会稀缺资源的重新分配后成为了资源的缺乏者，而这又导致了其自我财富创新机会和能力的不足，需要新的发展理念与机制去支持其获得可持续的发展。

但在现实扶贫实践之中，随着扶贫的不断深入，扶贫政策与措施在实际效用上的包容性依然存在缺陷。产业的发展需要劳动力和相应的知识技能，为保证产业扶贫资金与政策最终起到推动经济发展和帮助帮扶对象迅速脱贫的效果，大多数产业扶贫资金与政策都倾向于贫困群体中有一定发展基础的帮扶对象，而真正缺乏劳动能力和劳动技能的很多贫困对象并未从产业发展中受益，而只是从保障性的扶贫措施中受益，不具备可持续性。与此同时，多数地区推行的是个体户式的小农业产业经营模式，不仅发展成果无法惠及其他人，市场风险承受能力亦较差。贫困地区的产业发展首先亟须树立包容性增长的产业发展理念，将所有的贫困群体均纳入经济发展体系之中，探索新的扶贫产业经营模式，既让群体参与到发展过程之中，又让其能够从经济增长中受益。

2. 改变产业经营模式

包容性增长理念在扶贫产业经营模式上的体现便是创造出可以将所有贫困群体，尤其是丧失发展能力的群体囊括进产业运营里面的产业运营体制机制，包括从所有权、日常运营到收益分配的全流程。而各种形式的集体经济组织便是实现这一目标的有利形式，农村地区应探索出适合本地区的集体经济组织形式，带动区域内所有贫困群体的可持续脱贫致富。

但以往的农村集体经济组织往往存在着各种资格的限制,同时参加集体经济组织出资的形式不多,这在一定程度上导致了一部分人被排除在集体经济组织之外,无法从中受益。现阶段在贫困地区发展集体经济组织应放开各种限制条件,尤其是对特殊贫困群体采取一定的放开措施。比如无法及时足额出资的,可以采取先准入后补足相应出资金额的办法。同时,采取各种灵活的出资形式,让资本、土地、劳动、技术、管理等要素都可以被集体经济组织所承认,并制定出相应的增资入股制度,既维护集体的利益,又让所有贫困群体有资格参与其中,分享发展收益。

设立了集体经济组织之后还需要有相应的经营管理机制才能确保集体经济组织的活力和长期发展能力。贫困地区集体经济组织也需要现代化的经济组织管理经营体制才能适应现代市场竞争并取得长远的发展。参考现代企业管理制度,集体经济组织可以建立起类似于股东大会、董事会、总经理、监事会等完整公司治理体系。同时,由于贫困地区大都缺少专业的公司运营人才,因而可以采取聘请方式外雇职业经理人,以便集体企业的生产更能适应市场的变化和需求。在组织中不仅应设立生产性的部门,还应多注重销售等服务部门的设立,帮助集体经济组织生产与市场的对接,利用电商扶贫的政策支持优势,将线上与线下相结合进行相关的品牌宣传与推广。只有建立起完整的现代企业经营管理模式,贫困地区集体经济组织才可能具有足够的市场竞争能力,公平地参与到市场竞争之中,并且在扶贫政策取消之后保持长期的发展活力。

(二)走产业特色发展之路

精准扶贫的大规模开展导致各种扶贫政策一拥而上,贫困地区为配合政策实施而大力发展各种政策支持的产业,各个贫困乡镇都打出旅游扶贫的口号，实际上很多乡镇或是由于身处山区，或是由于并无太多特色旅游资源，且专业人才缺乏，并不具备大力发展旅游产业的各种主客观条件。除此以外，在农作物种植上各地区也存在着较大程度的雷同现象，导致同样的农作物产品市场供给增加，一旦扶贫政策取消相关企业采用保护价收购措施而恢复市场机制，相关贫困户收入将面临下降的风险。不同贫困区需要实现错位发展，寻求适合自己的特色产业，才能避免与周边区域的恶性竞争，实现良性可持续发展。

产业扶贫成败的关键基础在于产业的选择。贫困地区不同于一般地区，应因地制宜选择产业发展项目，要深深植根于贫困地区产业基础薄弱和技术能力、水平不足的现实状况，制定贫困地区产业发展项目的选择指标流程。既要吸收国外贫困地区产业发展的先进经验，又要保持国内本地特色，实事求是地结合本地农民发展的需求与区域自身优势，展示出基础的支撑作用和现有产业的独特优势。要坚持"宜农则农、宜旅则旅、宜工则工、宜商则商"的原则，并在可能的基础上实现不同产业的融合发展，为区域经济注入发展的多重动力。例如，将农业和旅游结合是很多地区的典型做法，用特色农业的发展创造一定的旅游资源，接着发展旅游业实现产业升级和农户增收。基于贫困地区多数存在土地等资源分散的现实条件，集中连片的规模化推进的产业发展机制也不易运行。

因此，需要通过集体经济组织这一形式实现各种产业发展资源的集中，进而实现产业的规模化发展和科学化经营，提高资源利用效率和单位资源收益，带动脱贫致富。

对于产业发展业态的选择，要充分利用贫困地区相对良好的生态环境和独特的民族、民俗文化底蕴等优势条件，积极考虑生态农业、特色旅游等持续性特色产业发展业态，使贫困地区的发展"取其精华，去其糟粕"；尽量克服产业发展滞后的不利条件，将其资源充分纳入产业发展，形成产业发展的内在优势。例如独特的民俗文化不仅可以作为旅游资源开发，同时也可以作为文化创意产业开发的基础资源，对其进行主题文化作品创作、文创产品生产，形成多业态发展的产业发展模式。

贫困地区的特色产业道路，不仅仅是产业选择上的特色，还应该是品牌发展之路。如果贫困地区以集体经济组织为主要的产业发展形式，那么企业品牌的打造实际上也就是区域品牌的打造。区域品牌是以区域产业集群为基础的区域品牌，是指某一特定区域范围内，以区域名加产业名组合而成的表现形式，区域产业产品是具有一定知名度和美誉度的集体声誉标志，它是一种公共品牌。[1] 区域品牌的形成对于彰显贫困区产业特色与竞争优势、带来长期效益意义巨大，应该被贫困地区所重视。因而贫困地区产业的发展要十分注重区域品牌的运营，要把好区域品牌形象关，提炼区域品牌个性以及定位，塑造良好的区域品牌形象，提升知名度，并做好集体商标注册和设计工作，规范商标使用。

区域品牌是系统化的构建过程的产物，要全方位考量、多层次集合。第一，要形成以产品、企业、文化和法律为核心的内容基石。要形成区域品牌，首先要通过价格上性价比高、质量上可靠保证、形象上独具特色、市场上口碑良好等产品因素凝聚起对区域产品的忠诚，获得忠实消费对象，从而助力区域品牌的形成。产品是最微观层级，而区域企业作为区域产品的开发者、生产者、营销者，也要形成忠诚市场体系，增加对区域品牌的信任。而要形成对区域企业的忠诚体系必须基于精准、特色的市场定位，必须从企业自身发展能力以及社会形象建设综合出发，实现对区域品牌信任的塑造。第二，要从更高层次形成区域品牌的文化精神引导与法律制度保障。基于区域品牌自身内容与活动的实施与扩展，区域品牌还要着眼于

---

[1] 邱爱梅. 消费者视角的区域品牌治理机制研究 [J]. 广东社会科学，2017（5）：35–42.

文化与法律，提炼区域优秀的、独特性的文化特征集中融合形成区域文化形象组成部分，与此同时通过培育践行区域自身价值观念，通过传播与分享的实践，增强区域文化的认知与文化认同，形成文化精神引导与凝聚点。同时还要通过对区域内企业以及其他参与者的成形规范，实现对其的监管与区域发展道路的规范。提高区域内组织或个人的法律意识与权限意识，使其自觉遵守法律、维护法律规定，从强制性的法律层级上增强对区域品牌的忠诚。第三，要从更广视域对区域进行系统规范。除去区域产品、企业、文化及其法律，区域发展中还涉及政治、经济、文化、生活等多个细分领域与相关主体，使区域品牌的建设处于一个足够复杂的环境中，因此必须通过构建与区域发展各主体相关的评价指标。一方面要能调解区域法律的空白、重复或冲突，另一方面要厘清各主体关系、各领域联系，推动区域品牌环境的有序化，为区域品牌的形成提供和谐广阔的空间。

（三）制定产业长远规划

目前很多贫困区的产业规划只是立足于脱贫攻坚这一政策性目标来制定和实施的，在短期对带动贫困群体实现脱贫具有十分明显的作用。但从长期来看，很难承担起带动区域经济长期发展，实现乡村整体振兴的目标。因而贫困地区在做扶贫产业规划时，不仅应注重短期内产业扶贫绩效，还应立足于乡村振兴的视角，绘出产业长期的发展蓝图，实现产业的可持续发展与增值。

产业的长远发展应立足于乡村本土产业，实现相关产业集聚发展，形成完整的产业链和集聚效应，并依托区域品牌带动产业升级。德国的卡尔斯草莓农场的发展便是这种模式的典型。卡尔斯农场于1921年成立，位于波罗的海沿岸的 Purkshof 小镇，占地面积 8 公顷左右。在早期卡尔斯只是一家草莓农场，虽然三代家族继承人风格迥异，但是对草莓事业却秉持着热爱，第三代继承人对种植技术改进后，草莓的年产已达到5000吨。经过多年的发展，在农事体验上，草莓采摘园因为草莓品质较好的关系，在每年的旺季期间日客流量会高达10000人，所以会增加临时工人3500位。在衍生品开发上，除了果啤、饮料、果汁、果酱之外，护手霜、橄榄油、杯子以及波罗地海的石头、弹珠、装饰物件、储物件、毛绒皮大衣、鞋子、床上用品、毛绒玩具、水壶水杯、香水香精肥皂、书籍等生活用品都在特色市场中售卖，而周围的民宿酒店也完全符合草莓主题。在产业升级上，将草莓IP化，依托草莓农场的名气打造更丰富的旅游项目，提供优质的服务。农场主打儿童体验牌，每年都会吸引四五百万游客，形成包括草莓为主题的超市及采摘园、两栖环境融合的游乐园、小型动物园以及水族馆等的大型体验乐园在内的庄园。

总之，贫困地区产业长远规划的目的，在于使产业融合创新、转型升级，不仅在短期内可以带动贫困群体实现脱贫致富，更重要的是可以为乡村发展带去不断的活力，推动整个乡村振兴的步伐。

第二节 构建多元扶贫治理体系

（一）"两委"协同下的村民自治发展

我国农村现行的治理体制，简单说就是村民自治结合村"两委"的治理。其中，村党支部委员会由支部（全村）的党员大会选举产生，处于领导地位，领导着村民委员会和全体村民实现自治；村民委员会则由全体村民民主选举产生，是全体村民的代理人；全体村民则是基层民主自治权力的主体。可见，村"两委"可以说是与贫困地区民众联系最为紧密的政治组织。实际上，上级政府众多的扶贫政策与措施也是靠着"两委"来具体实施的，可以说"两委"扶贫工作的好坏在很大程度上决定了贫困地区最终的扶贫成效。因此，在对深度贫困地区进行最终的攻坚扶贫之中，村"两委"是一个十分重要的参与主体，也正因为其特殊地位，应该得到更大的赋权。由于上级政府的诸多扶贫决策与措施往往不具备普适性，尤其是面对情况复杂特殊的深度贫困地区，其最终效果往往难以尽如人意，此时便需要村"两委"自主决断，自谋扶贫和发展道路，因此在扶贫之中村"两委"，尤其是村民委员会需要具有一定的自主决策权。

在执行机制上，首先是资源的集中式管理。深度贫困地区资源贫瘠、个体发展资金严重不足，需要对资源和资金进行有效的整合和科学的管理利用，这就需要村民委员会在村党支部委员会的领导下进行发展资源与资金的集中式管理。其次，村民委员会需要根据本村的实际情况制定本村的扶贫与发展规划及个体帮扶计划，召开民主评议会进行评议和决策，以确定最终的发展项目和帮扶对象。同时，由全体村民民主选出监督委员会确保资金的合理使用和扶贫规划的有序实施。最后，凡涉及公共利益的规划和项目，村民委员会在取得成效之后制定公平合理的收益分配方案，将发展成果尽可能多的惠及每一个人，实现包容式发展。

（二）治理理论视角下的多元参与扶贫

在20世纪末，随着各种新的社会问题的产生，传统的以政府为单一主体的社会治理模式已经不能解决诸多的新问题，在此社会背景之下，作为新的治理形式的治理理论出现并得到了迅速的发展。在诞生之初，治理理论主要还是运用于各种公共议题，例如公民参与、政治议程设置、重大公共危机处理等，但是随着治理理论在实践之中不断运用并取得较好的成效，其渐渐被运用到经济、社会各个方面，例如一些跨国环境治理问题、民族国家治理等，治理理论的内涵和外延随着实践的不断进展也不断扩大。[1] 治理理论不同于传统的政府治理模式，在传统的政府治理模式之中，政府是唯一的权力主体，但是治理理论强调除了政府以外，其他的非政府主体也可以是权力主体，并且共同参与到治理过程之中。由于多元主体，如非政府组织、企业、公众等参与到了治理之中，因此治理的边界也逐渐扩大和模糊了，治理主体的责任也不再是政府一力承担，而是各个主体共同承担。由于治理主体的增多，过去行政式的政府治理模式让位于协商合作式的社会治理模式，协商和合作成为治理理论之中协调各个主体权力利益关系的重要形式。治理理论正是让各个主体的权力在各种制度之中通过合作、协商等新形式得到行使，进而规范各个权力主体的行为，最终使得各个主体的公共权利和利益得到最大限度的增加。

过去的扶贫模式较为单一，主要是以政府为主体对贫困地区进行单一的帮扶，而这种帮扶往往都是单一的、未形成机制的、效果难以持续的帮扶模式，一旦政府力量撤出，贫困地区往往便会因为失去政府这一发展核心引力而停滞发展甚至重新返贫。治理理论此时便为扶贫模式的演变提供了较为有价值的指导，治理理论不仅是一种社会治理理论，同时其也蕴含着社会发展动力的启示。治理理论对扶贫的最大启示是，扶贫过程之中政府不应该是唯一的行动主体，企业、非政府组织、公民等多元主体都应该在扶贫过程之中发挥应有的作用。治理理论视角下的扶贫模式应该是多元主体均参与到扶贫行动过程之中，通过合理的利益分配机制和行动协调机制，实现各个主体对贫困主体的有益帮扶，最终形成具备可持续发展能

---

[1] 李晓龙. 多中心治理视角下中国环境治理体系的变迁与重构 [D]. 重庆大学，2016.

力的良性社会发展机制。❶ 就扶贫主体而言，政府应该是整个扶贫过程中的主导，但市场、企业、非政府组织、公民等则是扶贫过程中必不可少的主力，多方共同参与到扶贫治理之中，各尽所能、各司其职。就扶贫方式而言，扶贫不再是政府救助式的帮扶模式，而应该是多元主体互相协同，激发贫困主体脱贫能力和动力，实现贫困群体的自我发展。多元主体通过互相协商、相互配合，形成合理的扶贫主体协作机制和利益分配机制，各个主体通过各自的职能带动贫困主体实现多元发展。从扶贫成效来看，多元参与的扶贫机制最终形成的应该是贫困地区可持续的发展模式，通过多元主体实现贫困地区多元发展，包括社会、经济、文化等各个方面。❷

（三）构建多元扶贫治理体系

1. 明确各治理主体职能，构筑基层多元治理体系

当前的扶贫模式下，多元化主体也有参与到基层的扶贫治理之中的，如企业、各种志愿组织、学校、民众等，但是目前各个主体均参与到扶贫之中并不十分科学，例如政府除了担任政治职能，还承担着经济职能；企业除了担任经济职能，在一些地方还被政府要求提供一定的公共产品和服务。扶贫主体职能的混乱不仅不利于各个主体发挥各自最好的扶贫绩效，同时相互干扰也不利于形成良好的社会治理格局。❸ 现代社会治理理论要求政府在社会治理之中的职能是提供公共产品和服务，维护社会稳定，通过法律与规范等方式

---

❶ 吴映雪. 精准扶贫的多元协同治理：现状、困境与出路——基层治理现代化视角下的考察 [J]. 青海社会科学，2018（3）：120-126.
❷ 靳永翥，丁照攀. 贫困地区多元协同扶贫机制构建及实现路径研究——基于社会资本的理论视角 [J]. 探索，2016（6）：78-86.
❸ 刘蕾，周翔宇. 精准扶贫中的多元主体合作策略——基于大病医保巴东模式的扎根研究 [J]. 河海大学学报（哲学社会科学版），2019，21（2）：87-94，108.

约束其他主体行为，保障社会的平稳运行。因此政府在扶贫之中的主要职能还是通过制定地方行政规范和社会制度，一方面吸引各种主体参与地方经济社会发展，另一方面规范各主体的各种行为，保障经济社会的稳定。除了政府职能需要界定以外，其余各个主体也需要明确各自职能，在自身专长领域实现发挥其对扶贫的作用。企业作为市场经济主体，应该成为地方经济发展的重要动力，一方面是优化贫困地区生产，另一方面则是促进贫困地区产品和外界市场的有效连接，推动贫困地区从生产到销售的顺畅进行，实现经济可持续发展。民众则需要在居民自治层面加强参与，实现自我服务、自我教育、自我发展。而其他各种组织则需在医疗、文化、卫生等多个领域各自发力，实现职能明确的多元扶贫治理体系。

2. 协商合作实现共建共享

治理理论要求包括政府、市场、社会组织、民众等多元主体都参与到扶贫之中，并努力发挥各自的作用，但多元主体的共同参与也为扶贫如何有效进行带来了难题，如何实现不同主体之间的良好协同合作成为了重要议题。现行模式下政府是主要的扶贫参与主体，其主导下的模式是权威式的行政式扶贫模式，与市场性和社会性的扶贫主体和模式有所龃龉，无法实现各主体之间良好的协同和共享。因此，协商合作为多元主体之间相互协同、实现扶贫之中的共建共享具有较大的指导意义和现实价值。[1] 协商合作不同于行政指令，在协商合作模式与氛围之中，各个主体都是平等的行动主体，可以表达出自己的利益需求和行动偏好，大家共同出谋划策推动扶贫进展。在贫困地区发展建设上，需要构建起有效的多元主体职能和行动协调机制，根据各个主体在扶贫之中的职能和行动偏好实现各个主体之间的互相协调，实现合力推动贫困地区发展。在利益分配机制上，

---

[1] 吴晓燕，赵普兵. 农村精准扶贫中的协商：内容与机制——基于四川省南部县A村的观察[J]. 社会主义研究，2015（6）：102–110.

则应该以贫困地区群众利益为基本价值导向，兼顾各个主体的利益诉求，保证发展成果能够在各个主体之间合理分配。此外，协商合作也要求信息资源的共享和沟通，否则很可能会出现各主体扶贫行动之间的重复和干扰等情况出现，造成扶贫资源的浪费和扶贫效率的下降，因此需要建立起良好的信息分享和表达机制，为实现扶贫主体互相沟通协调创造有利条件。[1]针对扶贫之中出现的一些矛盾，应该通过相关主体之间的协商沟通，本着优先保障贫困地区和群体利益的原则，实现矛盾的有效化解。协商合作是现代化社会治理的应有之意，也应该是扶贫之中构建多元主体协同机制、保障扶贫成效合理共享的有益举措，对推动贫困地区社会发展和社会善治具有十分重要的意义。

3. 资源配置下的多元主体独立参与

扶贫的多元协同治理需要扶贫资源的合理优化配置，同时各个扶贫参与主体也应该独立地参与到扶贫建设之中，通过增强其自身的扶贫治理能力，最终推动整个扶贫治理体系治理能力的提升。[2]在扶贫资源的配置之上，目前的扶贫模式主要还是政府的行政力量在主导，政府是资源配置的主体和主要力量，决定着扶贫资源最终的走向，在这种情况下很可能出现了其他主体为了获取资源而依附于政府，无法实现各个主体真正独立地参与到扶贫过程之中，也十分不利于具备可持续发展能力的贫困地区发展模式的形成，违背了深度贫困地区扶贫建设的初衷。政府应该逐渐从主导式的扶贫模式转变为引导式的扶贫模式，逐渐减少其在扶贫资源配置中的决定性作用，转而通过引导的方式对各个主体实现支持和监管，通过制定地方性法规、制度、政策等引导各个主体积极参与到扶贫建设之中，

---

[1] 张广来，廖文梅. 执行协商对农户易地扶贫政策满意度的影响研究——以赣南原中央苏区为例 [J]. 中国农业大学学报，2018，23（3）：185-195.

[2] 刘琼莲. 脱贫攻坚需多元主体"同频共振" [J]. 人民论坛，2018（21）：38-40.

同时将注意力从主动管理各个主体行为转变到侧面监管扶贫主体的行为，让各个主体在市场作用下公平合理参与扶贫之中，让市场和各个主体通过互相协商来实现扶贫资源的合理配置。❶ 与此同时，各个主体应该不断增强其自身的扶贫治理能力，可以更加独立有效地参与到扶贫建设之中。社会组织应该通过完善其组织结构、内部制度提升其工作绩效与扶贫能力，增强其社会影响力进而带动更多的民众参与到扶贫建设之中。企业则应该不断增强其市场竞争能力，以便帮助贫困地区在激烈的市场竞争之中获得一席之地，实现贫困地区经济的独立和发展；在组织机构、人员配置、技术运用、市场营销、品牌构建等多个角度将企业的发展和贫困地区的扶贫建设相衔接。村民组织则继续完善其自治能力，不仅需要加强其对村民的管理能力，更重要的是加强其对居民的教育功能，将扶贫与扶智、扶志相结合，提升贫困地区内生脱贫动力。而贫困地区民众则应该提升自己的脱贫意识与动力，积极主动学习脱贫技能，积极参与到村民小组和集体经济组织，使自己的个人努力与集体行动相结合，提升脱贫成效。

第三节　实现乡村文化治理

传统社会时期的乡村文化通过现世的修身齐家和来世的家族绵延来获得超越性意义，以宗族结构和士绅治理为基础形成了自治的乡村文化价值规范，以这些意义和规范为基础形成了丰富多样的乡

---

❶ 马良灿，黄玮攀，杨钦. 易地扶贫搬迁过程中多元主体间的利益分化与关系重组*——以巴村为例 [J]. 中州学刊，2018（2）：78-83.

土文化载体,文化在乡村治理之中扮演了重要角色。[1] 但现阶段的乡村治理则是"行政主导"型的治理模式,文化在乡村治理之中长期缺位,加上市场经济和社会现代化的冲击,导致了乡村在文化价值上的诸多乱象,极大地阻碍了贫困地区人民内生脱贫动力的形成与累积,使得诸多的外在扶贫政策无法发挥预期的效果,贫困地区长期发展动力也无法形成。乡村文化治理应形成村社的价值规范体系并有助于形成文化意义,这就要求文化治理的诸多举措要有助于塑造村社的主导性意识形态,从而规范各类有损村社公益和集体利益的行为,形成文明乡风,助力脱贫致富和乡村振兴。

(一)挖掘乡贤文化资源

在中国传统农村有着乡贤群体,他们或是本地年长德高的老者,或是诗书满腹的秀才,或是在各行各业出类拔萃的名人,他们都有一个共同特征,便是在农村居民中具有较高的知名度,德高望重,可以获得全体居民的认同,对乡村发展和稳定起着举足轻重的作用。[2] 在现代,农村也有着一个与之类似的群体,他们在农村中有着较高的科学文化知识,对农村的发展有着更加宽阔的视野,同时为民众所知晓,也在村民中有着较强的认同感,他们可能是医生、村干部、劳动模范、回乡名人等,这些便是新时代的乡贤,他们是乡村发展的重要精神动力,为乡村长期发展起着至关重要的作用。

首先,发掘乡贤文化需要挖掘古代乡贤文化。古代的乡贤文化是古代的志士仁人和广大劳动人民在长期的社会实践之中逐渐形成的乡村伦理道德价值规范,其中众多的优秀内容对现今农村文化发展、村

---

[1] 韩鹏云,张钟杰. 乡村文化发展的治理困局及破解之道 [J]. 长白学刊, 2017 (4): 142-150.
[2] 王国灿,金洁霞. 乡贤文化是乡村振兴的重要软实力 [J]. 人文天下, 2018 (18): 2-5.

民价值规范形成仍然具有较大的指导作用。但是在现代，有些乡村传统乡贤文化并没有得到很好的传承和发扬，众多的古书被毁、良好的家训遗失，最终乡民的价值观遗失、道德风气日下，亟须将传统的良好乡贤文化价值规范重塑，以重新规范其道德行为，引导文化风尚。因此，现代乡村也需要努力宣传"古贤"，将其有益的文化价值规范融入居民生活实践之中，通过乡村文化讲堂、乡村道德讲堂、农家书屋等形式对其进行宣传，在乡民心中树立起文化道德"偶像"，进而潜移默化地影响其文化价值观念，实现精神文化上的脱贫。

其次，发掘乡贤文化需要培育现代乡贤。当代的乡村乡贤也是乡村文化发展的重要推动力量，他们或是在乡村治病救人、妙手回春的良医，或是一心为民、鞠躬尽瘁的村干部，抑或是带领一方走向共同富裕的优秀回乡企业家。乡村一是要努力培养和引导这些优秀人才回乡发展，让他们成为乡村发展的重要推动力。二是要努力宣传乡贤事迹和文化精神，让今贤以其自身实际现身说法，带动乡民向其学习，努力奋斗、脱贫致富。

（二）建立乡村内生型文化自组织

目前乡村文化治理之中一个较为明显的缺点就是文化组织较为缺乏。实际上，乡村居民的文化消费应该是一种群体性的文化活动，只有这样文化消费才能产生一种公共性，文化消费所传达的社会价值意义才能更好地成为乡民的社会规范。但现实中的乡村居民文化消费只是一种纯粹个人性的娱乐活动，其文化意义和社会规范价值被很大程度上削弱了。因此，乡村文化治理需要建立起属于村民自己的文化组织，这些组织需要是村民自发形成的文化组织，比如一些单一功能的文化娱乐组织，村民腰鼓队、戏曲队、篮球队、书法协会等，也可以是一些综合性的居民文化组织，如老年文化协会、妇女文化协会等等。[1] 这些文化组织不仅承担着满足居民文化消费需求的功能，同时更为重要的是构建一个文化交流平台，在这个平台上乡村的文化价值观可以得到很好的交流和传播，进而推动乡村文化的发展。

乡村文化自组织虽然在满足乡民文化需求、推动乡村文化发展上具有较大的作用，但是其存在和发展还是具有较大的挑战，最大的问题便在于经费和资金来源的问题。贫困地区民众往往连基本生活都难以满足，因此要其自筹资金来维持文化组织的运转可能性不是很大，这时就需要国家和政府在这方面有所作为。虽然这些文化自组织应该由乡民自发组织成立，可是国家可以通过专项资金的形式推动这些组织的运转和发展，以更好地发挥这些组织在推动乡村文化建设之中的重要作用。财政资金的支持，可以更好地激发群众成立文化组织的积极性，同时也可以激发各种文化能人和优秀分子积极参与到农村文化建设之中，吸引更多的民众积极参与到家乡文化建设之中，推动乡村文化的繁荣。

（三）形成乡村治理价值规范

当前贫困地区仍然存在着诸多的文化和意识贫困现象，"等、靠、要"思想并未得到根除，部分贫困群体的自主脱贫意识和动力仍然不足。同时，在一些地方也存在着村委会垄断村庄事务、形成单一治理的问题，造成了扶贫之中的"精英捕获"、扶富不扶贫、扶亲不扶疏等不良现象。去除这些现象，需要塑造起乡村共同体的价值规范和公共规则，利用文化的规范力量限定一些无法通过行政和法律进行有效制约的扶贫不良行为，形成乡村文化发展中"风清气

---

[1] 韩鹏云，张钟杰. 乡村文化发展的治理困局及破解之道［J］. 长白学刊，2017（4）：142-150.

正""民主和谐"的氛围。要达到这一治理状态,除需要塑造社会组织良性发展的环境,确保乡村两级组织依法行政,逐步对基层行政生态环境进行深入改革之外,亦需要文化治理端的不断发力。

乡贤作为乡村优秀文化的传承人和传播者,在乡村文化价值规范之中的作用在于通过集合传统文化、时代精神、村民意见,建立起诸如村规民约等形式的行为规范和价值理念,让农村集体在社会文化道德失序的情况下其行为有规可循、有矩可守。同时,通过自己的一言一行去传播和推广这一既成的行为规范,以独特的身份实现更大范围的影响力和传播力,逐渐将这一套价值理念和行为规范深入到每一个村民心中。在文化自组织方面,文化自组织可以说是乡村文化供给的重要力量,为乡民贡献着诸多的文化产品、提供着众多的文化服务;在树立和传播文化价值规范之中,其更应该将价值规范有机合理地植入其所创造和提供的每一件文化产品和每一次文化服务;在切实保障乡民文化权益、带动乡村文化消费的同时,实现村民文化价值观念的改造与升华,最终推动文明乡风的形成。如此,不仅激发脱贫内生动力,更是乡村振兴的有力助推。

(四)推动乡村文化的现代化转型

农民对文化精神意义的追求不可能回归传统,也不可能裹足不前,乡村文化治理过程应结合社会主义核心价值观的时代要求并充分吸纳传统文化精髓的力量,不断地平衡、调整代际关系、婚姻关系及家庭之间的关系,力图在发展中不断形塑具有现代性的价值和精神追求。❶ 乡村文化正在衰变,却并不表明乡村文化会走向"终结","城市与乡村是人类两种最主要的生活境界,城乡之间不可替

---

❶ 张孝德. 乡村生活价值的再发现及实现路径[J]. 行政管理改革, 2019 (6): 35-43.

代、互为循环，各有自己的评价体系和价值标准。这两者不存在谁先进谁落后的问题，也不是谁取代谁的问题"。在这一理念指导下，我们应该改变改造乡村、消灭乡村的单向观念，转而尊重乡村并建设乡村，将乡村文化中生态性、自然性、宜居性、简约性提升为一种文化生活方式，与城市文化及城市生活方式形成多元互补，在现代与传统的融合中逐步实现乡村文化的现代性转型。

参考文献

[1] 邓小平文选（第三卷）[M]. 北京：人民出版社, 1993.

[2] 江泽民. 江泽民论有中国特色社会主义（专题摘编）[M]. 北京：中央文献出版社, 2002.

[3] 中共中央文献研究室. 十六大以来重要文献选编（下）[M]. 北京：中央文献出版社, 2008.

[4] 十八大以来重要文献选编（中）[M]. 北京：中央文献出版社, 2016：720.

[5] 习近平. 做焦裕禄式的县委书记[M]. 北京：中央文献出版社, 2015：17.

[6] 习近平论扶贫工作——十八大以来重要论述摘编[J]. 党建, 2015（12）.

[7] 陈敏尔. 坚守两条底线 实施两大战略[N]. 人民日报, 2016-03-07.

[8] 江泽民文选（第三卷）[M]. 北京：人民出版社, 2006.

[9] 江泽民. 江泽民文选（第一卷）[M]. 北京：人民出版社, 2006.

[10] 武沁宇. 中国共产党扶贫理论与实践研究[D]. 吉林大学, 2017.

[11] 中共中央宣传部. 习近平总书记系列重要讲话读本[M]. 北京：学习出版社, 2014.

[12] 十八大以来重要文献选编（中）[M]. 北京：中央文献出版社, 2016.

[13] 司树杰. 中国教育扶贫报告[M]. 北京：社会科学文献出版社, 2016.

[14] 周康成. 把"做强产业"作为脱贫根本[N]. 人民日报, 2016-11-15（5）.

[15] 中共中央党史和文献研究院. 习近平扶贫论述摘编[M]. 北京：中央文献出版社, 2018.

[16] 邓小平文选（第三卷）[M]．北京：人民出版社，1993．

[17] 汪三贵，刘未．"六个精准"是精准扶贫的本质要求——习近平精准扶贫系列论述探析[J]．毛泽东邓小平理论研究，2016（1）．

[18] 习近平．携手消除贫困促进共同发展——在2015减贫与发展高层论坛的主旨演讲[N]．人民日报，2015-10-17．

[19] 习近平．习近平谈治国理政[M]．北京：外文出版社，2014．

[20] 习近平．在深度贫困地区脱贫攻坚座谈会上的讲话[J]．人民日报，2017-09-01．

[21] 吕国范．中原经济区资源产业扶贫模式研究[D]．北京：中国地质大学，2014．

[22] 中华人民共和国中央人民政府网站．国务院关于印发中国农村扶贫开发纲要（2001—2010年）的通知[OL] 2016年9月，http://www.gov.cn/zhengce/content/2016-09/23/content_5111138.htm．

[23] 中华人民共和国中央人民政府网站．中共中央 国务院印发《中国农村扶贫开发纲要（2011—2020年）》[OL] 2011年，http://www.gov.cn/gongbao/content/2011/content_2020905.htm．

[24] 汪军，张孝友．新阶段重庆市农村扶贫开发态势及思路创新[J]．西南农业大学学报（社会科学版），2005（4）．

[25] 中华人民共和国中央人民政府网站．国务院关于印发中国农村扶贫开发纲要（2001—2010年）的通知》[OL] 2016年9月，http://www.gov.cn/zhengce/content/2016-09/23/content_5111138.htm．

[26] 葛志军，邢成举．精准扶贫：内涵、实践困境及其原因阐释——基于宁夏银川两个村庄的调查[J]．贵州社会科学，2015（5）．

[27] 李春奎．习近平总书记关于扶贫的重要论述的巫山实践[J]．重庆行政（公共论坛），2018，19（6）．

[28] 张新华．新中国以来扶贫历程与思想结晶[J]．重庆行政，2019，20（1）．

[29] 黄吉，钟婷，朱苏远．国外文化精准扶贫案例研究与借鉴[J]．图书馆杂志，2016，35（9）．

[30] 蓝志勇，张腾，秦强．印度、巴西、中国扶贫经验比较[J]．人口与社会，2018，34（3）．

[31] 徐婷. 拉美新兴市场国家"发展极"减贫模式研究 [D]. 中南民族大学, 2015.

[32] 王俊文. 国外反贫困经验对我国当代反贫困的若干启示——以发展中国家巴西为例 [J]. 农业考古, 2009 (3).

[33] 柳颖. 巴西福利责任主体的反贫困政策均衡化研究 [J]. 湖南工程学院学报 (社会科学版), 2016, 26 (1).

[34] 孙晗霖. 巴西反贫困的实践及其经验借鉴 [J]. 知识经济, 2013 (18).

[35] 闫坤, 孟艳. 反贫困实践的国际比较及启示 [J]. 国外社会科学, 2016 (4).

[36] 温浩. 印度贫困治理问题研究 [D]. 陕西师范大学, 2016.

[37] 仇荀. 马克思主义贫困理论及当代中国贫困治理实践研究 [D]. 吉林大学, 2016.

[38] 王志章, 王晓蒙. 包容性增长的印度模式及其对中国的启示 [J]. 城市观察, 2011 (5).

[39] 温俊萍. 印度农村就业保障政策及对中国的启示 [J]. 南亚研究季刊, 2012 (2).

[40] 王建强, 何建华. 完善甘肃省电商助力精准扶贫的对策研究——电商助力精准扶贫的战略方向 [J]. 商业经济, 2018 (8).

[41] 文富德. 拉奥政府的经济改革和高达政府的新经济政策 [J]. 南亚研究季刊, 1997 (1).

[42] 徐君, 凌慧. 印度"妇女平等教育计划"的特点与成效评析 [J]. 现代远距离教育, 2014 (1).

[43] 陈丽莎, 谭长海, 张晶晶. 电商扶贫模式案例及其可复制经验分析 [J]. 经济研究参考, 2018 (10).

[44] 凌经球. 探索深度贫困山区脱贫攻坚的可行路径——广西河池市大安乡"整乡推进"脱贫攻坚的实践及启示 [J]. 党政研究, 2017 (5).

[45] 乔云. 创新合作社造林护林新机制 实现生态建设脱贫攻坚双赢 [N]. 吕梁日报, 2017-03-31.

[46] 忠县人民政府关于加快推进高山生态扶贫搬迁工作的意见. 重庆市忠县人民政府. 2013-04-03.

[47] 重庆农村建档立卡贫困人口到 2020 年人人享有医疗保障 [N]. 南方农

业,2018-01-05.

[48] 助18个深度贫困乡镇全面解决就医难[N].重庆商报,2017-12-27.

[49] 周頔.中国法学会扶贫"在路上"[N].民主与法制时报,2018-09-16.

[50] 杜志雄,肖卫东,詹琳.包容性增长理论的脉络、要义与政策内涵[J].社会科学管理与评论,2010(4).

[51] 邱爱梅.消费者视角的区域品牌治理机制研究[J].广东社会科学,2017(5).

[52] 李晓龙.多中心治理视角下中国环境治理体系的变迁与重构[D].重庆大学,2016.

[53] 吴映雪.精准扶贫的多元协同治理:现状、困境与出路——基层治理现代化视角下的考察[J].青海社会科学,2018(3).

[54] 靳永翥,丁照攀.贫困地区多元协同扶贫机制构建及实现路径研究——基于社会资本的理论视角[J].探索,2016(6).

[55] 刘蕾,周翔宇.精准扶贫中的多元主体合作策略——基于大病医保巴东模式的扎根研究[J].河海大学学报(哲学社会科学版),2019,21(2).

[56] 吴晓燕,赵普兵.农村精准扶贫中的协商:内容与机制——基于四川省南部县A村的观察[J].社会主义研究,2015(6).

[57] 张广来,廖文梅.执行协商对农户易地扶贫政策满意度的影响研究——以赣南原中央苏区为例[J].中国农业大学学报,2018,23(3).

[58] 刘琼莲.脱贫攻坚需多元主体"同频共振"[J].人民论坛,2018(21).

[59] 马良灿,黄玮攀,杨钦.易地扶贫搬迁过程中多元主体间的利益分化与关系重组——以巴村为例[J].中州学刊,2018(2).

[60] 韩鹏云,张钟杰.乡村文化发展的治理困局及破解之道[J].长白学刊,2017(4).

[61] 王国灿,金洁霞.乡贤文化是乡村振兴的重要软实力[J].人文天下,2018(18).

[62] 张孝德.乡村生活价值的再发现及实现路径[J].行政管理改革,2019(6).